Frank Rudolf

Fleischfressende Pflanzen

- Übersicht der Gattungen
- Richtige Haltung und Vermehrung
- Antworten auf wichtige Fragen

VERRAI-VERLAG
STUTTGART

Besonderer Dank gilt:

Meinem Vater **Gerhard Rudolf,** ohne den ich nicht auf dieser Welt wirken könnte und der mich jederzeit ermutigt und unterstützt.

Onur Wagner-Ciftciler, der mir immer fleißig mit Rat und Tat zur Seite steht.

Bernd Weilbrenner und **Thomas Carow** für die Inspiration.

Peter Schindler und **Anne Toth** für die tollen Zeichnungen.

Inhalt

Vorwort

Im Alter von fünf Jahren begegnete ich erstmals einer fleischfressenden Pflanze. Es war eine Venusfliegenfalle, die mir meine Mutter mitgebracht hatte. Ich kann mich bis heute noch gut daran erinnern, wie fasziniert ich von dem einzigartigen Fangmechanismus der Pflanze war. Natürlich wusste ich damals noch nichts von den Zuchtbedingungen und war natürlich mehrfach der Versuchung erlegen, die Pflanze mit allerlei Getier zu füttern, bis sie schließlich eingegangen ist.

Viele Jahre später, als ich dabei war, meine erste eigene Wohnung einzurichten, suchte ich nach etwas ganz Besonderem für das frisch eingerichtete Wohnzimmer und ich erinnerte mich wieder an meine damalige „Begegnung" mit der fleischfressenden Pflanze.

Schnell war die Fensterbank freigemacht, um die ersten Karnivoren in der Wohnung willkommen zu heißen. Es handelte sich um einige Schlauchpflanzen, die ich günstig aus dem Baumarkt erworben hatte. Ich war begeistert davon, dass noch mehr karnivore Gattungen, außer der bekannten Venusfliegenfalle, existierten. Im Internet begannen meine ersten Recherchen über die Haltung der fleischfressenden Pflanzen und ich war von den vielen erhältlichen Gattungen und Arten mehr als überrascht. Sehr bald wuchs die kleine Sammlung der fleischfressenden Pflanzen an und schon bald reichte die kleine Fensterbank in der Wohnung nicht mehr aus. Weitere Fensterbänke wurden für die fleischfressenden Pflanzen reserviert und die Anzahl der unterschiedlichsten Arten und Gattungen fleischfressender Pflanzen wuchs immer weiter an. So mussten bald einige Schränke ausgeräumt werden, um die ersten Erfahrungen mit künstlicher Beleuchtung und Aquarien mit fleischfressenden Wasserpflanzen zu machen. Als ich festgestellt hatte, dass sich viele fleischfressenden Pflanzen auch sehr gut unter Kunstlicht entwickelten, wurde der große Speicher des heimischen Elternhauses zum Gewächshaus umfunktioniert. Die Sammlung umfasste mittlerweile mehrere hundert Pflanzen der unterschiedlichsten Arten und Gattungen. Über das noch recht junge Internet konnten schnell auch Kontakte zu anderen Züchtern geknüpft und Pflanzen getauscht werden. Es erleichterte den Zugang zu selteneren Arten, die nicht ohne Weiteres zu bekommen waren und an denen ich meine Zuchterfahrungen stetig verbessern konnte. Meine erste Fachliteratur über fleischfressende Pflanzen konnte ebenfalls über das Internet erworben werden.

Nach einiger Zeit platzten die Wohnung und der Speicher aus allen Nähten. Es war Zeit für ein eigenes kleines Grundstück, auf dem ein kleines Gewächshaus, ein kleiner Gartenteich und mehrere Moorbeete für die fleischfressenden Pflanzen eingerichtet wurden.

Da ich zur damaligen Zeit auch eine kaufmännische Ausbildung absolvierte, kam mir der Gedanke der Selbstständigkeit mit dem Verkauf von fleischfressenden Pflanzen. Auf diese Weise konnte ich mein faszinierendes Hobby zum Beruf machen und dadurch noch mehr Leuten diese fantastischen Pflanzen näherbringen. So gründete ich mein kleines Online-Unternehmen mit dem Versand von fleischfressenden Pflanzen, das ich mittlerweile seit über 20 Jahren sehr erfolgreich führe. Natürlich hat sich in all den Jahren viel Wissen und Erfahrungen angesammelt, die ich gerne durch dieses Buch mit jedem interessierten Leser teilen möchte.

Einleitung

Unter dem Begriff fleischfressende Pflanzen können sich die meisten Menschen wohl nur sehr wenig vorstellen. Viele halten es für schlicht unmöglich, dass Pflanzen tatsächlich in der Lage sind, Tiere zu fangen und zu verspeisen.

Umso mehr sind sie dann überrascht, wenn sie erfahren, dass fleischfressende Pflanzen wirklich existieren, und dies sogar in großer Artenvielfalt.

Einer der Ersten, der dies erkannte, war der schwedische Naturforscher Carl von Linné.
Er vermutete schon im Jahre 1753, dass manche Pflanzen offenbar die erstaunliche Fähigkeit besitzen, Insekten mit ihren Blättern, Kelchen oder Tentakeln einzufangen.

Zu jener Zeit war es aber unvorstellbar und gegen jedes Gottesgesetz, dass Pflanzen Tiere festhalten oder gar verspeisen können. Die Pflanzen dienten damals ausschließlich zur Nahrungsaufnahme durch Mensch und Tier. Alles andere war undenkbar. So wurde damals manche botanische Sensationsentdeckung als Blasphemie und Gotteslästerung abgetan.

Später hat man erkannt, dass einige Pflanzen, wie zum Beispiel die Rosskastanien, zwar den Tod von Insekten durch ihre klebrigen Knospen verursachen, jedoch daraus keinen direkten Nutzen zogen.

Erst der berühmte britische Evolutionstheoretiker Charles Darwin konnte im Jahr 1875 eindeutig wissenschaftlich nachweisen, dass in der Tat einige Pflanzen die Fähigkeit besitzen, ihre Beute anzulocken, zu fangen, zu töten, zu verdauen und daraus einen Nutzen für sich zu ziehen.

Als Wissenschaftler konnte er diese Entdeckung auch auf seine Evolutionstheorie zurückführen. Diese besagt, dass sich in der Natur immer derjenige durchsetzen kann, der sich seiner Umgebung am besten angepasst hat. („survival of the fittest")

Charles Darwin entdeckte, dass die fleischfressenden Sonnentau-Arten beim Fangen von Insekten ausgezeichnet gut ausgerüstet waren und sehr geschickt vorgingen. Er untersuchte die Pflanzen an den Naturstandorten und war von der Effektivität der Pflanzen beim Insektenfang überrascht.

Er notierte das Folgende:

> *„An einer Pflanze hatten alle 6 Blätter ihre Beute gefangen, und an mehreren Pflanzen hatten sehr viele Blätter mehr als ein Insekt gefangen. Auf einem großen Blatt fand ich die Reste von dreizehn verschiedenen Insekten. Fliegen werden viel öfter gefangen als andere Insekten. Die größte Art, welche bei mir je gefangen wurde, war ein kleiner Schmetterling. Ein Bekannter berichtete mir aber, dass er einmal eine große, noch lebende Libelle gefunden habe, deren Körper von zwei Blättern festgehalten wurde."*

Da zu Charles Darwins Zeit die fleischfressenden Pflanzen in der Natur noch verbreiteter waren, schloss er daraus, dass die Anzahl der alljährlich auf diese Weise getöteten Insekten unglaublich hoch sein muss.

Fast alle fleischfressenden Pflanzen wurden an Naturstandorten entdeckt, die eigentlich für Pflanzen überhaupt nicht gut geeignet sind. Sie wurden an nährstoffarmen und übersäuerten Böden angetroffen, an denen sich allenfalls noch einige widerstandsfähige Moose und Unkräuter wohlfühlten.

Charles Darwin hatte die Erkenntnis gewonnen, dass sich die Pflanzen unmöglich vollständig durch die Wurzeln mit Nährstoffen versorgen konnten, da sie an sehr nährstoffarmen Böden wuchsen. Doch ohne Nährstoffe kann keine Pflanze existieren.

Er stellte fest, dass sich die Pflanzen im Laufe der Zeit den natürlichen Gegebenheiten perfekt angepasst haben. Anstatt sich die lebensnotwendigen Nährstoffe einfach durch die Wurzeln aus dem Boden zu ziehen, entwickelten die fleischfressenden Pflanzen ihre Blätter zu richtigen Fangwerkzeugen um. Mit diesen sogenannten Blätterfallen hatten die Pflanzen die Möglichkeit, viele Insekten einzufangen und konnten sich dadurch ihren Nährstoffbedarf auf Dauer sichern. Zusätzlich hatten die fleischfressenden Pflanzen in diesen Gebieten einen enormen Vorteil gegenüber anderen Pflanzen. So kam es, dass die fleischfressenden Pflanzen diese Gebiete eroberten und sich immer weiter verbreiten konnten.

Ich möchte Ihnen in diesem Buch die faszinierenden und atemberaubenden fleischfressenden Pflanzen näherbringen. Dabei gehe ich auch auf die Kulturbedingungen, Naturstandorte sowie die Beschreibung von Fallenmechanismen der einzelnen Arten ein.

Sie werden sicherlich erstaunt sein, was Mutter Natur hervorbringen kann und wie genial die Konstruktionen der einzelnen Fallen funktionieren.

Am Ende habe ich noch einige häufig gestellte Fragen, die mir im Laufe der Zeit gestellt wurden, zusammengetragen und beantwortet. Dabei gebe ich auch einige gute Tipps und Tricks zur Kultur der Pflanzen. Werden diese beachtet, ist die Haltung recht unproblematisch.

Grundregeln zur Kultur fleischfressender Pflanzen

Fleischfressende Pflanzen besitzen meist ein sehr exotisches Aussehen. Daher könnte man annehmen, dass man sie nur unter sehr schwierigen und aufwändigen Kulturbedingungen halten kann. Das ist aber nicht der Fall. Sie kommen in der Natur auf kargen, nährstoffarmen Moorböden rund um den gesamten Globus vor. Manche Gattungen wachsen sogar in unseren Breitengraden und vertragen den hiesigen Frost problemlos.

Die Haltung der meisten karnivoren Pflanzen ist relativ einfach, wenn man sich nur an einige wichtige Grundregeln hält.

Fleischfressende Pflanzen vertragen von Natur aus keinen Kalk. Manch unerfahrener Käufer hat sich schon eine Pflanze im Baumarkt gekauft und wunderte sich dann, dass sie zu Hause innerhalb weniger Tage eingegangen ist. Meist lag es dann am falschen Gießwasser. Im Baumarkt kann nicht auf das spezielle Gießwasser geachtet werden, sodass die Pflanzen schon geschwächt von den Kunden gekauft werden. Zuhause wird dann weiter mit gewöhnlichem Leitungswasser gegossen, welches meistens eine viel zu hohe Wasserhärte aufweist. Dies führt unweigerlich dazu, dass die Pflanze eingeht.

Bei der Kultur ist daher unbedingt auf das richtige Gießwasser zu achten. Es soll möglichst wenig Kalk beinhalten bzw. möglichst weich sein. Gut geeignet ist Regenwasser oder destilliertes Wasser. Fluss- oder Brunnenwasser sollte man vorher einem Wasserhärtetest unterziehen. Diese Tests kann man günstig in jedem Aquariengeschäft oder im Internet erwerben. Je geringer die Wasserhärte, desto besser für die Pflanzen. Leitungswasser enthält fast immer zu viel Kalk und ist für das Gießen ungeeignet.

Fleischfressende Pflanzen benötigen ein spezielles Kultursubstrat. Man sollte sie also auf keinen Fall in gewöhnliche Blumenerde pflanzen, da diese meist zu viele Nährstoffe enthält und dadurch die Pflanzen förmlich verbrennen.

Ungedüngter Hochmoortorf bzw. Weißtorf versetzt mit gereinigtem Quarzsand ist für die Kultur der meisten Pflanzen optimal.

Die Karnivoren sollten grundsätzlich niemals gedüngt werden. Sie zählen von Natur aus zu den sogenannten „Schwachzehrern" und benötigen kaum Nährstoffe. Jede Düngung würde den Pflanzen eher schaden.

Eine Fütterung der Pflanzen sollte ebenfalls nicht erfolgen. Auch wenn die Versuchung noch so groß ist, dies ist keinesfalls notwendig und verursacht meist nur schädliche Schimmelpilze. Sie fangen ihre Beutetiere von ganz alleine und die wenigen Nährstoffe im Substrat reichen vollkommen aus. Es gehen wesentlich mehr fleischfressende Pflanzen an Überfütterung als an Unterernährung ein. So unglaublich es auch klingen mag, verdauen würde die Pflanze so ziemlich alles, und sei es ein Stückchen Hackfleisch, Ei, Käse, Gummibärchen oder Milch. Wirklich ratsam ist eine solche Art der Fütterung aber nicht.

Fleischfressende Pflanzen lieben einen „nassen Fuß". Was bei den meisten anderen Pflanzen über kurz oder lang zu Wurzelfäule und damit zum Absterben führt, ist bei den fleischfressenden Pflanzen besonders wichtig. Sie sollten nie austrocknen und immer über genügend Regenwasser verfügen und sogar in ein paar Zentimetern Wasser stehen. Dies erreicht man am besten im sogenannten Anstauverfahren. Der Topf sollte auf einem Untersetzer stehen, der immer mit Wasser gefühlt ist. Grundsätzlich sollte man fleischfressende Pflanzen nicht von oben gießen, sondern immer das Wasser in den Untersetzer geben.

Fast alle Pflanzen benötigen für das Wachstum möglichst viel Licht. Am besten geeignet ist das natürliche Sonnenlicht. Aber auch Kunstlicht, wie Leuchtstoffröhren, Energiesparlampen, LED-Lampen und Natriumdampflampen können für die Kultur herangezogen werden. Gewöhnliche Glühbirnen sind weniger gut geeignet, da sie zu viel Wärme und zu wenig Licht abstrahlen. Die Pflanzen benötigen das Licht ebenfalls, um ihr schönes rötliches Farbmuster zu bilden. Welche Zusatzbeleuchtung man wählt, hängt von den verschiedenen Faktoren wie Anbaufläche, Temperatur und

Stromverbrauch ab. Für das Pflanzenwachstum empfiehlt sich die Lichtfarbe „tageslichtweiß“ mit über 5300 Kelvin.

Die meisten fleischfressenden Pflanzen benötigen eine erhöhte Luftfeuchtigkeit. Das erreicht man, in dem man eine Abdeckung in Form eines durchsichtigen Beutels oder ein kleines Zimmergewächshaus verwendet. Die Sonnentauarten benötigen die erhöhte Luftfeuchtigkeit um die Klebetröpfchen an den Tentakeln zu bilden. Die Kannenpflanzen bilden nur bei sehr hoher Luftfeuchtigkeit ihre eindrucksvollen Kannen aus. Die Luftfeuchtigkeit sollte bei den meisten Arten zwischen 70 und 90 Prozent liegen. Eine fleischfressende Pflanze, die im Winter direkt über der Heizung steht, wird sich bestimmt nicht gut entwickeln, da hier die Luftfeuchtigkeit viel zu gering und die Temperatur zu hoch ist. Mit einem einfachen Hygrometer kann man den Feuchtigkeitsgehalt der Luft überwachen.

Fleischfresssende Pflanzen mögen es im Winter hell, kühl und etwas trockener. Sie sollten nicht mehr so oft gegossen werden, allerdings dürfen sie auch nie ganz austrocknen. Je kühler und dunkler es im Winter wird, desto geringere Luftfeuchtigkeit sollte herrschen, da sonst die Gefahr von Grauschimmelbildung besteht, der für die Pflanzen sehr schädlich ist.

Im Sommer sollten sie stets warm, sehr hell und feucht stehen. Temperaturen zwischen 18 und 25 Grad sind empfehlenswert. Höhere Temperaturen werden bei erhöhter Luftfeuchtigkeit auch problemlos vertragen.

Aus Unwissenheit werden viele fleischfressenden Pflanzen im Spätherbst und Winter entsorgt, da sie aufgrund vertrockneter und brauner Fallen häufig recht unansehnlich aussehen. Dies ist aber völlig normal, da es zu dieser Zeit nur wenige Beutetiere gibt, ziehen sich die Pflanzen zurück. Die winterharte Venusfliegenfalle beispielsweise verträgt im Winter problemlos Temperaturen von 0 bis 10 Grad Celsius und kann sogar im heimischen Kühlschrank überwintert werden. Dabei zieht sie sich oberirdisch fast komplett zurück, um im Wurzelstock (Rhizom) zu überwintern. Im Frühjahr wird sie dann wieder zu neuer Pracht erwachen. Die Schlauchpflanzen und winterharten Sonnentauarten überwintern ebenso.

In der kalten Jahreszeit sollte man darauf achten, dass diese Arten nicht dauerhaft einfrieren. Die Pflanzen werden nicht erfrieren, aber bei Frost kein Wasser mehr aufnehmen können und daher vertrocknen und eingehen.

Wer sich an diese grundsätzlichen Regeln hält, kann sich lange an diesen wunderschönen Pflanzen mit ihren besonderen Eigenschaften und Fähigkeiten erfreuen.

Die_unterschiedlichen Fallenmechanismen der fleischfressenden Pflanzen

Die fleischfressenden Pflanzen haben vor Millionen von Jahren angefangen, ihre Blätter in raffinierte Fangorgane umzuwandeln. Sie konnten damit Wasser, sowie kleinere Insekten fangen. Diesen stickstoffhaltigen Nährdünger haben die Pflanzen angefangen, für sich selbst zu nutzen und daraufhin die Fangmechanismen immer weiter perfektioniert.
Die fleischfressenden Pflanzen hatten auf den nährstoffarmen Böden in der Nähe von Sümpfen und Mooren so einen gewaltigen Vorteil gegenüber anderen Pflanzen.

Doch nicht alle fleischfressenden Pflanzen fangen ihre Beute auf die gleiche Art und Weise.

Es sind heute insgesamt 6 unterschiedliche Fallentypen bekannt.
Man unterscheidet zwischen:

- Grubenfallen
- Reusenfallen
- Klappfallen
- Passive (unbewegliche Klebefallen)
- Aktive (bewegliche Klebefallen)
- Saugfallen

Grubenfallen:

Dieser Fallenmechanismus ist auch aus der Wildjagd bekannt. Es wird eine tiefe Grube ausgehoben und mit Reisig bedeckt. Das Wildtier fällt in die Tiefe und kann nicht mehr aus der Falle entkommen. Die fleischfressenden Pflanzen bilden aus ihren Blättern eine ähnliche trichterförmig gebaute Falle. In diese stürzt die Beute hinein, kann aber nur mühevoll wieder herausklettern, da der Weg nach oben glitschig ist und die Beutetiere abrutschen.

Manche Arten haben in der Falle auch ein Verdauungssekret oder Regenwasser angesammelt, in dem die Beute ertrinkt und dann verdaut wird.

Dieser Fallenmechanismus kommt bei den folgenden Gattungen vor: Zwergkrug (*Cephalotus follicularis*), Kobralilie (*Darlingtonia californica*), Bromelie (*Broccinia reducta* und *Catopsis berteroniana*), Sumpfkrug (*Heliamphora*), Kannenpflanze (*Nepenthes*) und Schlauchpflanze (*Sarracenia*).

Reusenfallen:

Reusen sind aus dem Fischfang bekannt. Genau wie beim Fischfang können die Beutetiere der fleischfressenden Pflanze zwar leicht in die Fallenöffnung gelangen, doch schlecht wieder aus der Falle entkommen. Der Weg zurück ist durch nach innen gerichtete Borsten versperrt. Für die Beutetiere gibt es dann nur einen Weg, der immer weiter in das Falleninnere führt.

Dieser Fallenmechanismus existiert bei den Gattungen Reusenfalle (*Genlisea*) und Papageien-Schlauchpflanze (*Sarracenia psittacina*).

Klappfallen:

Diese Fallenart ist ebenfalls aus der Jagd bekannt. Vergleichbar mit einer Mause- oder Bärenfalle. Das Beutetier löst einen Klappmechanismus aus, der die Falle schlagartig zuschlagen lässt. Ein Entkommen ist unmöglich. Bei der fleischfressenden Pflanze werden zwei Blatthälften durch Fühlborsten stimuliert, sich blitzartig schnell zu schließen. Die Fangtechnik der Klappfallen ist wohl die bekannteste, wenn auch die seltenste Fangmethode der fleischfressenden Pflanzen.

Dieser Mechanismus ist in den beiden Gattungen Wasserfalle (*Aldrovanda vesiculosa*) und der Venusfliegenfalle (*Dionaea muscipula*) umgesetzt.

Passive (unbewegliche) Klebefallen:

Die Beutetiere bei den unbeweglichen Klebefallen werden durch ein klebriges Sekret, welches aus den kleinen unbeweglichen Tentakelspitzen an den Blättern der Pflanze abgesondert wird, zuerst angelockt und dann festgehalten. Während das Beutetier versucht, sich zu befreien, verfängt es sich immer mehr in dem klebrigen Schleim und kann nicht entkommen.

Unbewegliche Klebefallen sind in den Gattungen Regenbogenpflanze (*Byblis*), Taublatt (*Drosophyllum*), Teufelskralle (*Ibicella* und *Proboscidea*), Wanzenpflanze (*Roridula*), Schusspflanze (*Stylidium*), und Hakenblatt (*Triphyophyllum*) realisiert.

Aktive (bewegliche) Klebefallen:

Die beweglichen Klebefallen machen es genauso, nur dass sich hier die klebrigen Tentakeln und sogar die einzelnen Blätter selbst auch noch bewegen können. Die Beute wird von den Tentakeln und vom gesamten Blatt eingerollt und durch das Verdauungssekret, das aus den Spitzen der Tentakel abgesondert wird, zersetzt. Die Flucht der Beutetiere wird durch das klebrige Sekret sowie durch das Einrollen der Tentakel und der Blätter fast unmöglich.

Der Sonnentau (Drosera) und das Fettkraut (*Pinguicula*) zählen zu den beweglichen Klebefallen.

Saugfallen:

Das Prinzip der Saugfallen funktioniert bei den fleischfressenden Pflanzen nur unter Wasser oder direkt im Substrat. Die Saugfallen kann man sich wie kleine Blasen an den Wurzeln vorstellen, die in ihrem Inneren einen Unterdruck erzeugt haben. Wenn nun ein kleines Beutetier, z. B. ein Wasserfloh, an die Fühlborsten der Falle stößt, öffnet sich eine Klappe und das Opfer wird sofort eingesaugt. Danach schließt sich die Klappe wieder und die Beute wird verdaut. Durch das Auspumpen des überschüssigen

Wassers erzeugt die Falle ein erneutes Vakuum und wird wieder gespannt. Dieser unglaubliche Fangmechanismus ist die schnellste Bewegung, die derzeit im Pflanzenreich bekannt ist. Der Fangvorgang dauert nur wenige Hundertstel Sekunden.

Als einzige Gattung kann der Wasserschlauch (*Utricularia*) eine derart schnelle Fangbewegung erzeugen. Gleichzeitig ist sie mit ihren fast 250 Unterarten eine enorm artenreiche Gattung unter den fleischfressenden Pflanzen.

Die Gattungen der fleischfressenden Pflanzen im Überblick:

- *Aldrovanda* – Die Wasserfalle
- *Brocchinia reducta* – Die fleischfressende Bromelie
- *Byblis* – Die Regenbogenpflanze
- *Cephalotus* – Der Zwergkrug
- *Dionaea* – Die Venusfliegenfalle
- *Drosera* – Der Sonnentau
- *Drosophyllum* – Das Taublatt
- *Genlisea* – Die Reusenfalle
- *Nepenthes* – Die Kannenpflanze
- *Pinguicula* – Das Fettkraut
- *Sarracenia* – Die Schlauchpflanze
- *Stylidium* – die Schusspflanze
- *Triphyophyllum* – das Hakenblatt oder Dreifaltigkeitsblatt
- *Utricularia* – Der Wasserschlauch

Die oben genannten Gattungen zählen zu den fleischfressenden Pflanzen (Karnivoren), da sie eindeutig die Fähigkeit besitzen, ihre Beute zu fangen, festzuhalten und durch eigene Enzyme zu verdauen, um selbst einen Nutzen daraus zu ziehen.

Die echten Karnivoren entwickeln eine Fangvorrichtung, besitzen eine aktive Verdauung, und bilden eigene Enzyme aus. Bei den Karnivoren unterscheidet man zwischen aktiven und passiven Fallentypen, also bewegliche und unbewegliche Fallen.

Es existieren aber auch noch weitere Gattungen, die ebenfalls zu den fleischfressenden Pflanzen gezählt werden können. Da diese Pflanzen jedoch nach heutigem Kenntnisstand keine eigenen Enzyme ausbilden können und meist von Bakterien bei der Verdauung abhängig sind, nennt man diese Pflanzen „Präkarnivoren".

Präkarnivore Pflanzen können als Vorstufe der fleischfressenden Pflanzen angesehen werden. Sie ziehen zwar selbst oft auch einen Nutzen aus den gefangenen Insekten, produzieren aber keine eigenen Enzyme und bilden ausschließlich passive Fallentypen aus. Das heißt, es findet keine eigene aktive Bewegung der Falle statt. Dennoch kann man sagen, dass auch präkarnivore Pflanzen ausgeprägte Mechanismen zum Anlocken der Beute entwickelt haben und echten karnivoren Pflanzen, außer in der eigenen Enzymproduktion, in nichts nachstehen. Wenn man sich die ausgefallene Gleitfalle der Kobralilie genau ansieht, so erkennt man schnell den fortgeschrittenen, karnivoren Evolutionsschritt.
Derzeit sind folgende präkarnivore Gattungen bekannt:

- *Brocchinia* – Die fast fleischfressenden Bromelien und Ameisenpflanzen

(Hier konnten bisher nur bei „Brocchinia reducta" Enzyme nachgewiesen werden, daher gilt auch nur diese Art als karnivor, andere Arten der Gattung gelten als präkarnivor.)

- *Catopsis berteroniana* – die fast fleischfressende Tillandsie
- *Darlingtonia* – Die Kobralilie
- *Heliamphora* – Der Sumpfkrug

(Nur „Heliamphora tatei" kann Enzyme ausbilden und gilt daher als einzige Art ihrer Gattung als karnivor.)

- *Ibicella* und Proboscidea – Die Teufelskrallen
- *Roridula* – Die Wanzenpflanze

Es kommt durchaus auch heutzutage noch vor, dass weitere Gattungen und Arten bisher unbekannter fleischfressender Pflanzen oder Präkarnivoren entdeckt werden.

Dionaea muscipula – die Venusfliegenfalle

Allgemeines:

Die Venusfliegenfalle ist wohl die bekannteste fleischfressende Pflanze überhaupt. Mit ihren schnell zuschlagenden Blatthälften und ihrem „gefährlichen“ Aussehen ist das auch nicht verwunderlich.

Obwohl oft verschiedene Sorten angeboten werden, die entweder komplett rot sind, besonders große Klappfallen ausbilden oder auch lange Stiele entwickeln, besteht die Gattung *Dionaea* aus nur einer Art. „*Dionaea muscipula*.“ Es gibt keine unterschiedlichen Arten der Venusfliegenfalle. Die Pflanze ist damit monotypisch. Es existieren lediglich unterschiedliche Sorten, Typen und Auswahlzüchtungen.

Die Venusfliegenfalle ist heute nur noch in den Hochmooren von North und South Carolina in den USA beheimatet. Ansonsten ist sie in freier Natur fast nirgends mehr auf der Welt anzutreffen. Dies macht sie zu einer sehr seltenen und schützenswerten Gattung. Glücklicherweise werden heute kaum noch Pflanzen aus Wildbeständen angeboten. Einige Gärtnereien haben sich auf das Kultivieren von Venusfliegenfallen spezialisiert und sind nicht mehr auf Bestände angewiesen, die der Natur entrissen wurden. Seit 1992 ist die Pflanze durch das Washingtoner Artenschutzabkommen international geschützt.

Der besondere Fangmechanismus der Pflanze hat die Menschen schon immer fasziniert. Die Venusfliegenfalle besitzt mindestens 3 Fühlborsten auf der Innenseite jeder Blatthälfte. Werden diese Fühlborsten innerhalb weniger Sekunden 2 x stimuliert oder bewegt, schnappt die Falle innerhalb weniger Zehntelsekunden zu. Dies verhindert, dass die Pflanze aufgrund von Regentropfen unkontrolliert zuschnappt. Ein Fallenblatt kann sich aber nur bis zu 7-mal schließen und nur bis zu 3 komplette Verdauungsvorgänge durchführen, bis es endgültig abstirbt. Aber keine Sorge, es bilden sich ständig neue Fallen aus dem Wurzelstock. Normalerweise sind ständig 5 bis 10 Fallen an einer Pflanze ausgebildet.

Die Venusfliegenfalle ist durchaus in der Lage, auch andere Tiere außer Fliegen einzufangen. So gehören Ohrenzwicker, Käfer, Ameisen, Spinnen und sogar kleine Frösche zu ihrer Leibspeise.

Nachdem die Pflanze erfolgreich ein Beutetier erwischt hat, wird sie durch das Strampeln des Opfers dazu angeregt ihre beiden Blatthälften immer weiter zu schließen. Nach ein paar Stunden ist die Falle komplett luftdicht verschlossen und zu einer Art Magen umfunktioniert worden. Nun beginnt der Verdauungsvorgang, er beträgt zwischen 7 und 14 Tagen. Danach ist das Tier komplett verdaut. Zurück bleibt nur der leere Chitinpanzer oder das Skelett. Die Pflanze öffnet sich nun wieder und ist erneut fangbereit. Sollte die Falle versehentlich zugeschlagen sein oder konnte das Beutetier doch noch entkommen, so verschließt sich die Falle nicht komplett dicht und wird nach ca. 48 Stunden wieder fangbereit sein.

Kulturbedingungen:

Die Venusfliegenfalle wächst, wie die meisten fleischfressenden Pflanzen, ausschließlich in nährstoffarmen Moorgebieten. Diese Standorte sind von Natur aus dauerhaft feucht und sehr hell. Am Naturstandort herrschen oft Buschfeuer, welche die Pflanze oberirdisch verbrennen können. Jedoch überlebt die Pflanze im Wurzelstock und treibt nach den Bränden wieder wunderbar aus. Während andere Vegetation verbrannt ist, hat die Venusfliegenfalle nun genug Licht und Raum, um frei und ideal wachsen zu können.

Die Venusfliegenfalle sieht auf den ersten Anblick sehr exotisch und tropisch aus. Daher wird es wohl viele überraschen, dass sie sogar in unseren Breitengraden winterhart ist.

Sie verträgt im Sommer problemlos volle Sonne und Temperaturen von bis zu 40 Grad Celsius. Im Winter legt sie eine Art Wachstumsruhe ein. Die Pflanze verträgt dann Temperaturen von bis zu –10 Grad Celsius. Dabei stirbt die Pflanze oberirdisch fast komplett ab und überwintert im Wurzelstock (Rhizom). Sobald es wieder Frühjahr wird und sich die Insekten mehren, treibt die Pflanze von Neuem aus und entwickelt sich meist noch prächtiger wie im Vorjahr. Einige Züchter lassen ihre Pflanzen sogar im Kühlschrank bei konstanten Bedingungen überwintern. Die Venusfliegenfalle gilt allgemein als sehr robust und vermutlich werden jedes Jahr etliche Pflanzen entsorgt, obwohl noch sehr viel Leben in ihnen steckt.

Für eine erfolgreiche Haltung sind folgende, wichtige Punkte zu beachten:

- Es darf nur mit kalkfreiem Wasser gegossen werden (Regenwasser, geeignetes Brunnenwasser oder destilliertes Wasser)
- Die Pflanze sollte im Anstauverfahren bewässert werden, d. h., es sollten immer ein bis zwei Zentimeter Wasser im Topf stehen.
- Zur Wachstumsphase im Frühjahr und Sommer sollte die Pflanze möglichst warm stehen und volles Licht abbekommen. Im Winter ein wenig dunkler, feucht aber nicht mehr ganz so nass.
- Eine erhöhte Luftfeuchtigkeit von 70-85 % ist ratsam.
- Nur geeignetes, nährstoffarmes Substrat verwenden, normale Blumenerde ist ungeeignet.
- Niemals Düngen oder Zufüttern.

Viele fleischfressende Pflanzen und vor allem die Venusfliegenfallen gehen daran zugrunde, dass sie überfüttert oder überdüngt werden.

Die Pflanzen haben ihre fleischfressende Eigenschaft ja nur ausgebildet, weil ihnen am Naturstandort sehr wenige Nährstoffe zur Verfügung stehen. Eine Venusfliegenfalle ist durchaus im Stande ein Stück Hackfleisch, Käse oder Ei komplett zu verdauen, doch entspricht es nicht ihrer Natur, da sie die Insekten lebend einfängt und auch nur dann ihre Fangklappen komplett verschließt. Ein zu großes Beutetier, das absichtlich gefüttert wird, führt dazu, dass sich die Fangklappen nicht komplett schließen können. Dadurch dringt Sauerstoff in die Falle ein und es können sich schädliche Schimmelpilze bilden, die das Blatt meist absterben lassen. Nur wenn sich das Beutetier im Inneren der Pflanze noch bewegt, können die beiden Blatthälften komplett geschlossen und so der Verdauungsvorgang eingeleitet werden.

Vermehrung:

Um die Venusfliegenfalle erfolgreich zu vermehren, gibt es drei Möglichkeiten:

Die erste Methode ist die Vermehrung vegetativ über Blattstecklinge. Hierzu wird ein gesundes, komplett ausgebildetes Blatt am untersten noch weißlichen Blattansatz abgeschnitten und im 45-Grad-Winkel in entsprechendes Substrat aus ungedüngtem Torf ca. 2 cm tief gesteckt. Die Erde muss dann ständig feucht, hell und warm gehalten werden. Nach wenigen Wochen sind die ersten winzigen Triebe zu erkennen. Die kleinen Ableger sind Klone der Mutterpflanze und besitzen die gleichen genetischen Eigenschaften. Diese Methode hat eine Erfolgschance von ca. 50 % für das weitere Wachstum.

Die zweite Methode ist die vegetative Teilung. Hierzu wird eine große, gut ausgebildete, gesunde Pflanze ausgetopft und der weiße Wurzelstock, mit einem sterilisierten Werkzeug senkrecht geteilt. Beide Pflanzenteile werden dann in entsprechendem Substrat, unter den oben genannten Bedingungen, weiterkultiviert. Der Nachteil bei dieser Methode ist, dass die Pflanzen danach sehr geschwächt sind und vorerst nur langsam anwachsen. Hier ist ebenfalls mit einer Erfolgschance von 50 % zu rechnen.

Die dritte Methode ist die generative Vermehrung über Samen. Hierzu benötigt man zunächst mindestens zwei gleichzeitig blühende Mutterpflanzen, die möglichst nah beieinander stehen. Die Venusfliegenfalle bildet keine unterschiedlichen Geschlechter aus, sodass bei der Bestäubung nicht zwischen männlichen und weiblichen Blüten unterschieden werden muss. Die weißen Blüten werden durch Bienen, andere Insekten oder Wind natürlich bestäubt und bilden nach ein paar Wochen viele schwarze Samen aus, die dann geerntet und als Lichtkeimer wieder ausgesät werden können. Die Samen sollten jedoch davor einige Monate kühl und trocken gelagert werden, um die Keimfähigkeit zu erhöhen. Dieser Vorgang nennt sich Stratifizierung und kann am einfachsten im Kühlschrank erfolgen.

Vorteil bei der Vermehrung durch Samen ist, dass man keine Klone erzeugt, sondern neue Jungpflanzen mit eigenen, neuen genetischen Eigenschaften entstehen. Die Keimdauer beträgt ca. 2 bis 6 Wochen. Je nach Keimfähigkeit ist mit einer Erfolgschance von bis zu 90 % zu rechnen. Ein großer Nachteil ist aber, dass die Jungpflanzen aus Samen nur sehr langsam wachsen und erst nach einigen Jahren komplett ausgewachsen sind.

Besonderheiten:

Die Fallen der Venusfliegenfalle färben sich bei genügend Licht wunderschön rot. Sie wurde im Jahr 1768 erstmalig erwähnt und wird heutzutage auch im Zuge der Krebsforschung als Heilmittel näher untersucht. Das Zuschlagen der beiden Blatthälften gehört zu den schnellsten Bewegungen, die im Pflanzenreich bekannt sind. Die langen Borsten an den Fallen machen nach dem Zuklappen der Falle durch das Ineinandergreifen ein Entkommen der Beute oftmals unmöglich. Dennoch kann auch die Venusfliegenfalle von kleineren Schädlingen wie Blattläusen befallen werden, da diese zu klein zum Fangen sind.

Adrovanda vesiculosa – die Wasserfalle –

Allgemeines:

Die Wasserfalle ist eine wurzellose, freischwimmende, Wasserpflanze und zählt, wie die bekannte Venusfliegenfalle, zu den fleischfressenden Klappfallen. Es existiert nur die eine Art, „*Aldrovanda vesiculosa*“. Die Pflanze ist damit monotypisch. Sie kommt in Asien, Australien und Europa vor. Ihr Verbreitungsgebiet verschwindet allerdings zusehends von der Landkarte. In Deutschland gilt die Pflanze seit den 1990er Jahren als ausgestorben. Die Wasserfalle kann bis zu 30 cm lang werden und schwimmt am Naturstandort in seichten, nährstoffreichen und warmen Gewässern zwischen Binsen und Schilf. Der Fangmechanismus ähnelt dem der Venusfliegenfalle, allerdings unter Wasser. Die Fallen sind wesentlich kleiner als bei der Venusfliegenfalle, ca. 5 mm, aber dafür sind sie weitaus zahlreicher. Die Pflanze ernährt sich von winzigen Krebsen, Wasserflöhen, Mückenlarven und anderen Kleinstlebewesen.

Kulturbedingungen:

Die Wasserfalle galt viele Jahre lang als äußerst schwierig in der Kultur. Mittlerweile hat man aber herausgefunden, dass nur einige wenige, aber lebensnotwendige Grundvoraussetzungen für das Wachstum der Pflanze gegeben sein müssen.

So sollte der Untergrund des Beckens mit einer Mischung aus 70 % Torf, 20 % Gartenlehm und 10 % aus getrockneten Pflanzenteilen, vorzugsweise Schilf und Binsen, gemischt werden. Ebenfalls gehören zerbrochene Tonscherben mit in das Substrat. Die Tonscherben und der Gartenlehm geben wasserlösliches Bor ab, welches für die Wasserfalle lebensnotwendig ist. Die Pflanze benötigt seichtes, warmes Wasser. Die Wasserhöhe sollte zwischen 10 und 30 cm betragen. Es sollte darauf geachtet werden, dass die Pflanze in einem echten, kleinen Minibiotop lebt. Die Wassertemperatur sollte tagsüber zwischen 20 und 25 Grad liegen und nachts auf 10 bis 15 Grad absinken. Obwohl die Wasserfalle monotypisch ist, also nur eine einzige Art besteht, gibt es doch Unterschiede in der Haltung, die je nach Herkunft der Pflanze voneinander abweichen. „*Aldrovanda*" sollte grundsätzlich nie alleine gehalten werden, sondern von anderen Wasserpflanzen umgeben sein. Die übrigen Pflanzen filtern die überschüssigen Nährstoffe aus dem Wasser und sorgen so für ein natürliches Gleichgewicht. Hier bieten sich heimische Seggen und Binsen an. Besonders anfällig ist die Wasserfalle gegen Algen. Spezielle Pflanzen und Schnecken können gegen die Algen vorsorgen. Aber Vorsicht, manche Schnecken haben auch die Wasserfalle zum „Fressen" gerne.

Einrichten eines Minibiotops für *„Aldrovanda vesiculosa"*

Zunächst sollte man sich ein entsprechendes Gefäß aussuchen. Dazu ist alles geeignet, der große Gartenteich, der Mörteltopf aus dem Baumarkt, oder ein kleines Aquarium daheim. Besonders wichtig ist der Grund, mit dem das Behältnis gefüllt wird. Wie oben beschrieben, eignet sich eine Mischung aus Torf, Lehm und zerkleinerten, vermoderten Pflanzenteilen wie Seggen und Binsen besonders gut. Außerdem empfiehlt es sich, ein paar zerbrochene Tontöpfe ins Wassergefäß einzubringen, da der Ton und der Lehm lebensnotwendige Nährstoffe für die „*Aldrovanda*" in das Wasser abgeben.

Auch sollte man einige lebende Binsen oder Seggen als Begleitpflanzen in das Substrat einbetten. Diese Pflanzen sorgen dafür, dass überschüssige Nährstoffe aufgenommen werden.

„*Aldrovanda*" ist besonders anfällig gegen Algen, daher empfiehlt es sich, ein paar Spitzschlammschnecken (*Lymnaea stagnilis*) mit in das Gefäß einzubringen. Die Schnecke meidet die fleischfressende Pflanze und frisst hauptsächlich Algen und abgestorbene Pflanzenteile. Chemische Algenvernichtungsmittel sind zwar sehr effektiv, doch schaden sie auch dem Wachstum der fleischfressenden Pflanze, sodass diese Zusätze nicht zu empfehlen sind.

Die Kleinstlebewesen, welche die Wasserfalle unbedingt zum Überleben benötigt, werden sich mit der Zeit ganz von selbst ansiedeln.

Vermehrung:

„*Aldrovanda*" bildet während des gesamten Wachstumsprozesses immer wieder neue Sprosse, die abgetrennt werden können und als eigenständige Pflanzen weiterwachsen. Bei sehr guten Kulturbedingungen können so bis zu 20 Ableger entstehen. Auch die Vermehrung über Samen ist möglich, doch um die Pflanze zum Blühen zu bringen, ist eine Temperatur von 25 bis 28 Grad notwendig. Die Blüte bildet nach der Selbstbestäubung eine Samenkapsel aus, welche unter die Wasseroberfläche absinkt und dort reift. Nach einiger Zeit öffnet sich die Samenkapsel und die Samen, welche den Samen der Venusfliegenfalle ähneln, werden ausgespült und bilden neue Pflanzen.

Besonderheiten:

„*Aldrovanda vesiculosa*" aus kühleren Regionen bilden im Winter die sogenannten Turionen aus. Die Wasserpflanze bildet sich dann, ähnlich wie die landlebenden Arten, in eine Art Wurzelstock zurück. Die Turionen fallen im Wasserbehältnis nach unten und überwintern so im teilweise gefrorenen Wasser. Sobald es wärmer wird und mehr Licht auf das Wasser fällt, wächst der Wurzelstock zur neuen fleischfressenden Wasserpflanze heran.

Drosera - der Sonnentau

Allgemeines:

Die Gattung des Sonnentaus ist heute fast überall auf der Welt beheimatet; sie kommt in den Tropen ebenso wie in kalten Klimazonen vor. Entsprechend groß ist daher auch die Artenvielfalt. Bislang sind fast 140 unterschiedliche Arten bekannt. Sie haben die erstaunliche Fähigkeit entwickelt, ihre Blätter zu raffinierten Fangorganen mit klebrigen, beweglichen Tentakeln umzuwandeln. Diesen Tentakeln, die durch die Lichtreflexionen der Sonne glitzern, verdankt die Pflanze ihren Namen.

Der Sonnentau lockt seine Opfertiere zunächst mit seinen zahlreichen glitzernden Tentakeln an. Verirrt sich ein Insekt auf eines der Blätter, bleibt es daran kleben. Durch die Vibrationen, die das strampelnde Tier verursacht, werden weitere Tentakel angeregt, das Opfer festzuhalten und einzurollen bis sich schließlich das gesamte Blatt um das Opfer wickelt. Nach einiger Zeit ist eine Flucht nicht mehr möglich und das Insekt wird durch die sauren Verdauungssäfte, welche von den Drüsen an den Tentakeln abgesondert werden, zersetzt. Ein oft dramatisches Ende für das Insekt. Zurück bleibt nur noch der fleischlose Außenpanzer, der nicht verdaut werden kann.

Eine Vielzahl der Sonnentauarten ist in der Kultur nicht besonders anspruchsvoll zu halten und sind daher gut geeignete Pflanzen für Einsteiger.

Die größten Vertreter des Sonnentaus sind der fadenförmige Sonnentau „Drosera filiformis“ der Riesen Sonnentau „*Drosera gigantea*“ und der gegabelte Sonnentau „*Drosera binata*“. Die Pflanzen können unter guten Kulturbedingungen eine Größe von einem halben Meter erreichen.

Die kleineren Zwergsonnentauarten, wie „*Drosera scorpioides*“ oder „*Drosera roseana*“, werden hingegen nur einige Zentimeter groß.

Kulturbedingungen:

Je nach Herkunft, haben die fleischfressenden Pflanzen der Gattung *Drosera* unterschiedliche Umwelt- und damit Kulturbedingungen. Grundsätzlich sollten sie im Frühjahr und Sommer mit kalkfreiem Wasser im Anstauverfahren bei einer Temperatur von ca. 22 Grad und leicht erhöhter Luftfeuchtigkeit von 70 bis 80 Prozent gehalten werden.

Stehen die Pflanzen im Winter kühler, sollten sie nur noch mäßig feucht und bei verringerter Luftfeuchte gehalten werden, um Schimmelbildung zu vermeiden. Warme, trockene Heizungsluft bekommt ihnen im Winter nicht sehr gut. Die Pflanzen benötigen für üppiges Wachstum einen hellen Standort. Idealerweise an der Fensterbank oder im Gewächshaus. Sie wachsen aber auch unter künstlichem Licht sehr gut. Düngungen sind auch hier grundsätzlich zu vermeiden. Die winterharten Arten ziehen sich in der kalten Jahreszeit in den Wurzelstock (Rhizom) zurück oder bilden Zwiebeln oder Knollen aus. Sobald es im Frühjahr wärmer und heller wird, treiben die Pflanzen erneut wieder aus.

Einige „*Drosera*“-Arten reagieren sehr empfindlich auf Blatt- oder Wollläuse die hauptsächlich im Frühjahr und Sommer an den Pflanzen auftreten können. Die Läuse sind für die fangenden Tentakel zu klein, sodass sie sich ausbreiten und die Pflanze schädigen können. Die Schädlinge werden dann mit handelsüblichen Spritzmitteln behandelt, die von den Pflanzen meist gut vertragen werden.

Vermehrung:

Die meisten Sonnentauarten können durch Blattstecklinge einfach vermehrt werden. Hierzu werden gesunde Blätter abgeschnitten und mit der tentakelbesetzten Seite nach oben, waagerecht auf das Kultursubstrat (Torf oder Torfsandgemisch) gelegt. Bei gespannter Luft, ausreichend Feuchtigkeit und einer Temperatur von 20 bis 25 Grad Celsius bilden sich nach ein paar Wochen die ersten Ableger auf dem Blatt.

Da der Sonnentau selbstbestäubend ist und sich weder männliche noch weibliche Pflanzen ausbilden, ist auch eine Vermehrung durch Samen problemlos. Hierzu werden im Herbst die getrockneten Blütenstände abgeschnitten, durch einfaches Schütteln werden die feinen, schwarzen Samen, die oft nur einige Millimeter groß sind, freigesetzt. Nach ausreichender Trocknung und einigen Wochen im Kühlschrank zur Stratifizierung können die Samen auf das Kultursubstrat gelegt werden, um zu keimen. Die Samen des Sonnentaus gehören zu den Lichtkeimern und sollten daher nicht mit Substrat bedeckt werden, sondern nur auf das Substrat gesät werden. Die Samen werden dann wie die Blattstecklinge warm und feucht bei erhöhter Luftfeuchtigkeit gehalten. Um die Luftfeuchtigkeit zu erhöhen, wird eine durchsichtige Abdeckung oder Tüte empfohlen.

Die Vermehrung über Wurzelstecklinge oder Teilung ist bei großen, ausgewachsenen Pflanzen ebenfalls möglich. Bei Wurzelstecklingen werden von der Wurzel Stücke von ca. 4 cm Länge abgeschnitten und auf befeuchtetes

Substrat gelegt und mit einer ca. 2 cm dicken Schicht Torf bedeckt und danach hell, warm und feucht gehalten.

Besonderheiten:

In den selten gewordenen sauren Hochmooren wächst auch hier in Deutschland noch der rundblättrige Sonnentau „*Drosera rotundifolia*“ in freier Natur. Die Pflanze wurde im Jahr 1992 nicht nur aufgrund ihrer fleischfressenden Eigenschaften, zur „Blume des Jahres“ gewählt. Weitere Arten, die auch hier in unseren Breitengraden vorkommen, sind „*Drosera intermedia*“ und „*Drosera anglica*“.

Eine Besonderheit der kleinen Zwergsonnentauarten ist zweifelsohne die Ausbildung von Brutschuppen. Neben den Samen bilden diese Arten am Blattansatz im Herbst merkwürdige Brutkörper aus. Sie können abgenommen und in feuchtem Substrat weitergezüchtet werden. Innerhalb kürzester Zeit bilden sich daraus neue Pflanzen. Es handelt sich dabei um eine Art der vegetativen Vermehrung, da die kleinen Körner mit der Mutterpflanze genetisch identisch sind.

Der Fangmechanismus des Sonnentaus gilt als besonders effektiv. So können „Drosera“-Pflanzen im Freien, in den Sommermonaten, viele hundert kleine Fluginsekten pro Blatt einfangen. Sogar einige Libellen sind vor den großen Blättern ausgewachsener Sonnentauarten nicht sicher.

Pinguicula – das Fettkraut

Allgemeines:

Aus der Gattung der Fettkräuter sind heute fast 80 Arten bekannt, die fast alle in der nördlichen Erdhalbkugel und in Südamerika beheimatet sind. Die Pflanzen stehen nach Bundesartenschutzverordnung in Deutschland unter Naturschutz und sind ebenfalls durch das Washingtoner Artenschutzabkommen international geschützt, da die natürlichen Verbreitungsgebiete immer mehr zerstört werden.

Die Fettkräuter tragen ihren Namen vollkommen zu Recht, denn durch die vielen, winzigen Tentakel an der Blattoberfläche, glänzen die Blätter tatsächlich so, dass sie einer Fettschicht ähneln.

Pinguicula wurde erstmalig 1479 erwähnt. Doch auch hier stellte erst der berühmte Naturforscher Charles Darwin die karnivoren (fleischfressenden) Eigenschaften der Pflanze fest. Es sind grüne bis rötlich schimmernde, rosettenbildende und wurzelarme Pflanzen. Das Wurzelwerk dient hauptsächlich zur Verankerung im Untergrund.

Die Blätter sind zwischen einem und dreißig Zentimeter lang. An der Blattoberfläche befinden sich viele tausende, winzige Tentakel, die noch mit bloßem Auge erkennbar sind. Sie locken mit ihrem glitzernden und klebrigen Sekret an der Spitze die Insekten an. An den Tröpfchen bleiben die Insekten kleben und können so nicht mehr entkommen. Daraufhin wird ein Verdauungssekret an der Spitze der Tentakel ausgeschieden. Durch diese Enzyme wird die Beute zersetzt und in wichtige Nährstoffe umgewandelt. Die kleinen Tentakel der Pflanze sind beweglich, wenn auch nur sehr langsam. Bei manchen Arten rollt sich auch das gesamte Blatt um das Insekt, um es festzuhalten. Das Fettkraut hat sich auf kleinere Obstfliegen und Trauermücken spezialisiert, die sie problemlos auch in großer Anzahl fangen und verdauen kann.

Die Fettkräuter sind in ihren Kulturansprüchen ziemlich anspruchslos und daher eine sehr gut geeignete Pflanze für Einsteiger.

Kulturbedingungen:

Die Fettkräuter bevorzugen halbschattige bis schattige Standorte, volles Sonnenlicht vertragen sie nicht sehr gut. Die Pflanzen benötigen als Substrat gekalkten Torf, Torfsand- oder Torflehmgemische. Da sie Kalk und Nährstoffe sehr gut vertragen, ist es durchaus möglich, die Pflanzen mit gewöhnlichem Leitungswasser zu gießen und leicht zu düngen. Das Substrat sollte feucht, aber nicht zu nass sein. In regelmäßigen Abständen darf die Erde auch einige Tage austrocknen. Die tropischen und subtropischen Arten der Gattung werden im Sommer bei ca. 25 Grad Celsius gehalten, im Winter bei ca. 10 Grad. Die nördlichen Arten hält man im Sommer bei ca. 18 Grad und im Winter bei ca. 5 Grad. Einige Fettkräuter sind sogar winterhart und können leichte Fröste vertragen (z. B. „*Pinguicula vulgaris*").

Vermehrung:

Die Pflanze kann durch Samen vermehrt werden, hierzu müssen die Blüten aber oft recht aufwändig per Hand bestäubt werden. Eine Ausbildung von männlichen und weiblichen Pflanzen erfolgt nicht. Wesentlich einfacher als die Züchtung durch Samen ist das Vermehren durch Stecklinge von Winterblättern. Hierzu werden die Blätter an der Blattbasis getrennt und auf feuchtes Substrat gelegt. Nach einiger Zeit bilden sich dann kleine

Jungpflanzen. Einige Arten bilden auch ganz von selbst Brutzwiebeln oder Wurzelausläufer.

Besonderheiten:

Die am weitesten verbreitete Art der Gattung ist „*Pinguicula vulgaris*" (das gemeine Fettkraut). Dieses ist auch in Deutschland, Österreich und der Schweiz beheimatet und winterhart.

„*Pinguicula*" (Fettkraut) bildet zusammen mit den fleischfressenden Gattungen „*Genlisea*" (Reusenfalle) und „*Utricularia*" (Wasserschlauch) die Familie der Wasserschlauchgewächse.

Das Fettkraut zählt zu den zähesten und anpassungsfähigsten fleischfressenden Pflanzen, die bekannt sind. Es wurde schon auf felsigen, sandigen und sogar radioaktiv verstrahlten Gebieten in vollem Wachstum entdeckt.

In früheren Zeiten wurden Auszüge des Fettkrautes als Heilpflanze gegen Wunden und Fieber, sowie bei Husten und Magendarm-Beschwerden eingesetzt.

Fettkräuter sind äußerst blühfreudig und bilden häufig sehr viele Blütenstände aus. Die Blüten sind denen von kleinen Veilchen sehr ähnlich.

Stylidium - die Schusspflanze

Allgemeines:

Die Schusspflanzen gehören mit ihren über 300 bekannten Arten zu den artenreichen Vertretern der Karnivoren.

Die Gattung ist bis auf vier Arten ausschließlich auf dem australischen Kontinent beheimatet. Dort wächst sie an den Rändern von Bächen und Wasserlöchern, an felsigen Hängen, auf Sandböden und in Wäldern oder auf grasbewachsenen Feldern. Die meisten Arten der Gattung sind sehr blühfreudig und wachsen, kräftig grün und rosettenförmig, aus der Erde.

Die Pflanze hat einen sehr ungewöhnlichen Mechanismus zur Bestäubung ihrer Blüten entwickelt. In der Blüte sind das Staubblatt und der Stempel zusammengewachsen. Dadurch entsteht ein Blütenorgan, das aussieht, wie ein nach hinten gebogener Blütenstempel. Dieser Blütenstempel schlägt bei Berührung in einem Sekundenbruchteil auf das Insekt ein.

Im Anfangsstadium der Blüte dient dieser Schlag auf das Insekt dazu, es mit dem eigenen Blütenstaub einzustäuben. Im späteren Stadium der Blüte soll das Bestäuberinsekt dann durch das Zuschlagen einen Teil des gesammelten Pollens verlieren und die eigene Blüte so bestäuben. Die Pflanze verhindert durch die unterschiedlichen Stadien der Blüte eine Selbstbestäubung. Das Insekt wird von dem plötzlichen Schlag meist nicht verletzt; schließlich soll es ja noch weitere Blüten anfliegen.

Größere „*Stylidium*"-Arten schießen ihren Pollen, bei Berührung, sogar katapultartig auf die Insekten, wodurch die Pflanze auch ihren Namen bekam.

Die eigentlichen Fangorgane befinden sich bei der Art an der Blütenknospe und den Blütenstängeln der Pflanze. Dort bilden sich für die Klebefalle typische Drüsenhaare, die ein klebriges Sekret absondern, an denen kleinere Insekten kleben bleiben und letztlich verdaut werden.

Kulturbedingungen:

Die Pflanzen können ganzjährig warm am Fensterbrett oder im Gewächshaus bei 20 bis 25 Grad Celsius gehalten werden. Warme, trockene Heizungsluft ist dabei aber zu vermeiden.

Einige Arten, wie „*Stylidium debile*“ sind sogar winterhart, stellen aber im Winter die Blütenbildung ein. Man kann sie auch problemlos im Freien im Moorbeet kultivieren, dort zieht sie sich im Winter von selbst zurück und treibt im Frühjahr wieder neu aus.

Die Pflanze stellt keine besonderen Ansprüche an die Luftfeuchtigkeit und ist daher recht einfach zu halten.

Die meisten Schusspflanzen lieben „nasse Füße“, daher sollte mit kalkfreiem Wasser, am besten Regenwasser, von unten im Anstauverfahren gegossen werden. Das Übersprühen oder Übergießen der Pflanzen ist nicht ratsam. Die Pflanzen sollten hell aber nicht vollsonnig gehalten werden, damit die Blütenstängel nicht „verbrennen“ können. Die Kultur unter Kunstlicht ist ebenfalls möglich; die Pflanzen wachsen dann jedoch nicht so kräftig.

Als Substrat eignet sich ungedüngter Hochmoortorf mit gereinigtem Quarzsand. Handelsübliche Blumenerde oder Dünger darf auch bei der Schusspflanze nicht verwendet werden.

Die Pflanzen sollten umgetopft werden, wenn der Topf voll mit Rosetten ist, dies kann einmal im Jahr im Sommer notwendig sein.

Vermehrung:

Im Freien vermehrt sich die Pflanze über Wurzelausläufer und Samen.

Da Samen der australischen Schusspflanzen aber in der Natur häufig erst nach Buschbränden keimen, ist in der Kultur die generative Vermehrung durch Samen nicht so einfach. Zur Steigerung der Keimfähigkeit werden verschiedene Formen der Rauchbehandlung oder Chemikalien verwendet.

Die Vermehrung über Blattstecklinge ist meist nicht von Erfolg gekrönt, weil die Blätter zu klein zum Anwachsen sind.

Am einfachsten können die Pflanzen durch Teilung vermehrt werden, indem man die einzelnen Triebe vorsichtig voneinander trennt und eigenständig neu in Substrat pflanzt.

Besonderheiten:

Erst im Jahr 2006 konnte eindeutig nachgewiesen werden, dass die Fangtentakel der Pflanze ein Enzym zur Verdauung der Beute produzieren. Ein Jahr später wurde bewiesen, dass die Pflanze diese Nährstoffe tatsächlich verstoffwechseln und einen Nutzen daraus ziehen kann. Seit 2007 gilt diese Gattung daher als karnivor, also tatsächlich als fleischfressend.

Byblis - die Regenbogenpflanze

Allgemeines:

Die Regenbogenpflanze ist in Australien beheimatet und wächst dort bevorzugt in Küstennähe, aber auch im Landesinneren, auf sandigen, feuchten Böden und Sümpfen. Bisher sind 7 Arten der Gattung bekannt geworden. Man findet sie oft an Quellen oder Wasserläufen an sonnigen und luftigen Standorten.

Von den 7 Arten sind nur 2 Arten mehrjährig, nämlich „*Byblis* gigantea“ und „*Byblis lamellata*“. Die Samen der beiden Arten müssen mit Feuer oder Hitze in Berührung gekommen sein, um keimfähig zu werden. Das ist auf die ständig wiederkehrenden Buschfeuer am Naturstandort zurückzuführen.

Die Pflanze wurde im Jahr 1808 durch den britischen Naturforscher Richard Antony Salisbury erstmalig beschrieben.

Ihren Volksnamen „Regenbogenpflanze“ verdankt Sie ihren schillernd glänzenden Fangtentakeln deren Tropfen die Farben des Lichtes in alle Farben des Spektrums zerlegen und somit einen bezaubernden Regenbogeneffekt erzeugen. Dieses Lichtschauspiel wird allerdings den Fluginsekten, die dadurch angelockt werden, zum Verhängnis. Auch wenn die Regenbogenpflanze zu den passiven Klebefallen gehört, d. h., die Tentakel sind unbeweglich, bleiben die Insekten dennoch daran kleben und werden von der Pflanze schließlich zersetzt und als Nährstoffe aufgenommen.

Kulturbedingungen:

Als Kultursubstrat hat sich ein Torf-, Perlite- und Sandgemisch zu gleichen Teilen bewährt. Dem kann man noch etwas lebendes Torfmoos hinzugeben. Alternativ kann man auch nur Torf und Sand verwenden. Die Pflanze mag es sonnig, sollte aber nie austrocknen.
Feuchtigkeit beim Gießen ist wichtig, aber ständige Nässe ist, wie das komplette Austrocknen, zu vermeiden. Sie gedeiht an einem hellen und warmen Standort bei guter Beleuchtung besonders gut. Im Gewächshaus sollte man sie nah ans Glas stellen und für einen hellen Standort sorgen. Gegossen werden darf auch hier nur mit kalkfreiem Wasser. Das Düngen der Pflanzen ist nicht notwendig und sollte unterlassen werden, da sie ansonsten sehr schnell verbrennen können.

Die Luftfeuchtigkeit liegt idealerweise bei 50 bis 60 Prozent. Die optimale Temperatur beträgt über 20 Grad Celsius und darf 12 Grad Celsius nicht unterschreiten. Die winterharten Arten überwintert man am besten an einem kühlen, luftigen, relativ trockenen Standort.

Die dauerhafte Kultur der Regenbogenpflanze ist nicht ganz einfach und daher nur Fortgeschrittenen zu empfehlen. Sie ist den speziellen Wetterbedingungen in Australien gut angepasst, dort herrscht sehr sonniges, wechselhaftes Wetter, das in der Kultur nur schwer nachzubilden ist. Lichtmangel und übermäßige Staunässe führen häufig zum Absterben der Pflanzen.

Vermehrung:

„*Byblis*“ setzt bei künstlicher Bestäubung schnell Samen an, die auf nassem Torf gut keimen. Ebenso kann auch direkt auf lebendem Sphagnum-Moos ausgesät werden. Die Samen gehören zu den Feuerkeimern. Um die Keimhemmung aufzuheben, müssen die Samen vorher mit Hitze oder speziellen Chemikalien behandelt werden. Man kann auch nach der Aussaat versuchen, die Samen mit einem Blatt Papier zu bedecken und dieses anzuzünden. Da die Samen ebenfalls zu den Lichtkeimern gehören, werden diese nicht in das Substrat vergraben, sondern nur auf das feuchte Substrat gesät.

Die beste Zeit für die Aussaat von „*Byblis*“ ist der Februar. Die Samen sollten nie austrocknen und immer feucht, aber nie zu nass gehalten werden. Eine Temperatur von 21 bis 24 Grad und ein heller Standort sind für das Wachstum optimal.

Die vegetative Vermehrung über Wurzelstecklinge ist ebenfalls möglich. Dazu werden die Wurzelstecklinge im Frühjahr von einer kräftigen und gesunden Pflanze, mit einem scharfen, desinfizierten Messer entnommen. Von der Wurzel wird dann ein ca. 3 bis 4 cm langes Stück abgeschnitten und auf das Substrat gelegt und anschließend mit einer ca.
1 cm dicken Schicht Kultursubstrat bedeckt.

Die Regenbogenpflanze lässt sich nicht über Blattstecklinge vermehren.

Besonderheiten:

Es war lange Zeit unklar, ob die Gattung „*Byblis*“ tatsächlich zu den „karnivoren“ Pflanzen gezählt werden kann. Erst im Jahr 2005 wurde eindeutig bestätigt, dass die Pflanze die gefangenen Insekten tatsächlich durch eigene Enzyme verdaut und damit einen direkten Nutzen daraus zieht.

Die Regenbogenpflanze kann leicht mit dem Sonnentau „Drosera“ verwechselt werden. Tatsächlich gehören sie aber zu einer ganz eigenen Gattung.

Im Jahr 2004 wurde in Südaustralien ein einzelner fossiler Samen der Regenbogenpflanze aus dem Eozän gefunden, der ca. 40 Millionen Jahre alt war.

Drosophyllum – das Taublatt

Allgemeines:

Bei der fleischfressenden Gattung des Taublattes werden die Blätter ähnlich wie bei „*Byblis*“ zur passiven Klebefalle umfunktioniert. Die Pflanze bildet an den Blättern unbewegliche Tentakel mit Klebetröpfchen, die auch mit bloßem Auge zu erkennen sind. Wenn die Beutetiere nicht zu groß sind, bleiben sie an diesen Tröpfchen kleben. Durch den Versuch freizukommen, bildet die Pflanze immer mehr Sekret aus. Das Insekt benetzt sich immer mehr, bis es erstickt und letztlich verdaut wird. Die Blätter der Pflanze können eine Länge von bis zu 30 cm erreichen.

Das Verbreitungsgebiet des Taublattes beschränkt sich hauptsächlich auf die südwestlichen Teile Europas sowie das nördliche Marokko. Die Gattung ist monotypisch, „*Drosophyllum lusitanicum*“ ist die einzige Art ihrer Gattung. Erstmals beschrieben wurde sie bereits im Jahr 1661 von Gabriel Grisley.

Kulturbedingungen:

Lange Zeit dachte man, das Taublatt sei in Kultur nur sehr schwer, wenn überhaupt, zu halten. Da viele Pflanzen in der Kultur sehr schnell eingegangen sind, ging man davon aus, dass es sich um eine einjährige Gattung handeln musste. Am Naturstandort fand man jedoch so große Pflanzen, dass dies später widerlegt werden musste. Aufgrund ihrer sehr eigenwilligen Kulturansprüche ist die Pflanze nicht unbedingt für unerfahrene Züchter zu empfehlen.

Das Taublatt gehört zu den wenigen fleischfressenden Pflanzen, die keine Sumpfpflanzen sind. Das heißt, sie haben ganz andere Bedürfnisse als die meisten anderen fleischfressenden Pflanzen. Am Naturstandort findet man sie auf sandigen, luftdurchlässigen und relativ trockenen Böden. So verträgt das Taublatt keine Anstaubewässerung. Die Pflanze sollte daher nie zu feucht gehalten werden.

Als Substrat bieten sich besonders luftdurchlässige Schichten mit Torfmoos, Torf, Rindenstücke, Perlite, grobem Quarzsand oder gereinigten Kieselsteinen an. Eine schlechte Drainage führt schnell zum Absterben der Wurzeln. Direktes Übersprühen der Pflanzen sollte auf jeden Fall vermieden werden. Die Pflanze benötigt direktes Sonnenlicht. Ist das nicht ausreichend vorhanden, muss mit heller, künstlicher Beleuchtung nachgeholfen werden.

Das Taublatt kann durch kurzes Eintauchen und Abtropfen des Topfes bewässert werden. Die Blätter sollten dabei ausgespart werden. Die Wurzeln dürfen weder austrocknen noch zu feucht stehen. Es ist auch möglich, den Pflanztopf mit dem Substrat in einen großen Übertopf mit Sphagnum-Moos zu setzen und dann nur das Torfmoos ausreichend zu gießen. Gegossen werden darf nur mit kalkarmem Wasser, am besten eignet sich Regenwasser.

Das Taublatt sollte in einem ausreichend großen Tontopf gepflanzt werden. Dies verbessert den Wasserhaushalt. Die Pflanze entwickelt ein sehr empfindliches Wurzelwerk, daher sollte ein Umtopfen oder Stören der Wurzeln unbedingt vermieden werden.

„*Drosophyllum*“ wird idealerweise ganzjährig warm bei 25 bis 30 Grad Celsius gehalten. Im Winter sollte sie etwas kühler stehen. An die Luftfeuchtigkeit werden keine hohen Ansprüche gestellt. Es genügt ein luftiger Platz bei ca. 50 - 70 % Luftfeuchtigkeit.

Vermehrung:

Die Samen sollten zeitig im Frühjahr ausgesät werden. Sie werden auf das vorbereitete, feuchte Substrat gelegt und leicht angedrückt. Die Samen sollten nur leicht bedeckt sein. Regelmäßiges Gießen durch das Eintauchverfahren und anschließendem Abtropfen wird empfohlen. Die Samen dürfen, wie die ausgewachsenen Pflanzen, nie zu feucht oder zu trocken stehen. Eine erhöhte Luftfeuchtigkeit durch Abdecken mit einer durchsichtigen Plastikplane ist bis zur Keimung empfehlenswert.

Bisher ist es nur sehr selten gelungen, das Taublatt vegetativ durch Teilung oder Blattstecklinge zu vermehren. Aus diesem Grund ist es fast unabdingbar, die Pflanzen aus Samen zu ziehen. Wegen der hohen Wurzelempfindlichkeit sollte man die Samen bereits in das endgültige Tongefäß aussähen.

Besonderheiten:

Die Gattung ist zunehmend bedroht, die natürlichen Vorkommen gehen immer weiter zurück. Aktuell gelten bereits 80 Prozent der historisch bekannten Bestände als nicht mehr existent.

Das Taublatt gilt als besonders unempfindlich gegenüber hohen Temperaturen. Die Pflanze kann im Sommer sogar Temperaturen von 45 Grad Celsius überstehen.

„*Drosophyllum*“ verströmt manchmal einen honigartigen Duft, um die Beute anzulocken.

Roridula – die Wanzenpflanze – Taupflanze oder Fangblatt

Allgemeines:

Die Gattung der Wanzenpflanze ist in 2 Arten gegliedert. „*Roridula dentate*" und „*Roridula gorgonias*". Beide Arten sind in der Kap-Region Südafrikas beheimatet, wachsen dort auf kargen Böden in voller Sonne und können dabei eine unglaubliche Höhe von bis zu 2 Metern erreichen.

Die Taupflanzen bilden, wie alle Klebefallen, kleine Tentakel an den Blättern aus, die mit Schleimdrüsen besetzt sind und so Insekten festhalten können. Das Fangblatt kann allerdings keine eigenen Enzyme ausbilden und daher die eingefangenen Insekten nicht direkt verwerten. Die Pflanze bedient sich einfach tierischer Mithilfe.

Es existieren einige Wanzen- und Spinnenarten, die in Symbiose mit der Taupflanze leben. Als Beispiel können die Wanzen der Gattung „*Pameridea*" genannt werden. Diese Insekten sind so entwickelt, dass sie von den Tentakeln nicht erfasst und damit auch nicht gefangen werden können. Für die Wanzen und Spinnen bietet sich dadurch auf den ausgewachsenen Taupflanzen ein riesiges Festmahl an gefangenen Fluginsekten bei gleichzeitigem Schutz vor Räubern. Die Ausscheidungen der Wanzen und Spinnen kann die Taupflanze dann problemlos über die Blätter aufnehmen und so die gefangene Beute indirekt verwerten. – Eine geniale Symbiose.

Kulturbedingungen:

Die beiden Arten der Wanzenpflanze bevorzugen einen hellen und luftigen Standort. Im Sommer wird sie bei 20 bis 25 Grad Celsius gehalten. Bei luftigen Bedingungen werden auch höhere Temperaturen problemlos vertragen. Im Winter sollten die Pflanzen bei ca. 5 bis 10 Grad Celsius stehen. Falls die Pflanzen im Winter zu feucht gehalten werden und dabei zu wenig Licht bekommen, neigen sie zur Schimmelbildung. Dann müssen die betroffenen

Teile abgeschnitten und ggf. mit einem speziellen Mittel gegen Pilzbefall behandelt werden.

Als Kultursubstrat hat sich ein Gemisch aus ungedüngtem Hochmoortorf, gereinigtem Quarzsand und Perliten im Verhältnis 3:1:1 bewährt. Längere Staunässe ist zu vermeiden. Die Kultur in einem kleinen Terrarium gelingt, aufgrund der stehenden Luft, häufig nicht besonders gut.

Um schöne und buschige Pflanzen zu erhalten, können die Triebspitzen in den Sommermonaten mehrfach abgeschnitten werden. Dies führt dazu, dass sich die Triebe teilen und damit noch gedrungener wachsen können.

Vermehrung:

Die Samen der Taupflanze zählen zu den Feuerkeimern. Das heißt, am Naturstandort bleiben die Samen solange ohne Keimvorgang auf dem Boden, bis ein Buschfeuer die Umgebung niedergebrannt hat. Erst danach beginnen die Samen in der freien, hellen Umgebung zu keimen. Das Buschfeuer kann imitiert werden, indem das Saatgut mit ca. 60 Grad heißem Wasser übergossen wird. Es kann die Hitze oder auch die im Rauch enthaltenen Chemikalien für das Aufheben der Keimhemmung verantwortlich sein; genau geklärt ist dies bisher noch nicht.

Eine Vermehrung durch Triebstecklinge ist zwar ebenfalls möglich, aber meistens mit einer hohen Verlustrate verbunden.

Besonderheiten:

Weder die Blätter noch die Tentakel der Pflanze sind beweglich und doch ist „*Roridula*“ die mit Abstand effektivste Klebefalle im gesamten Pflanzenreich. Im Gegensatz zu allen anderen bekannten Pflanzen verlieren die kautschukhaltigen Klebetröpfchen der Wanzenpflanze ihre Effektivität selbst dann nicht, wenn das Blatt abgeschnitten und für viele Jahre aufbewahrt wird.

Die faszinierende und außergewöhnliche Zusammenarbeit zwischen Pflanze und Tier, die in dieser Effizienz in der Natur nur selten angetroffen werden kann, ist immer wieder Gegenstand von wissenschaftlich-botanischen Forschungsarbeiten.

Da „*Roridula*“ die Nährstoffe aus den Beutetieren nicht direkt, sondern nur indirekt über die Ausscheidungen der symbiotischen Mitbewohner aufnehmen kann, gehört sie nicht eindeutig zu den fleischfressenden Pflanzen und wird daher nur als präkarnivor eingestuft.

Ibicella und *Proboscidea* – die Teufelskrallen

Allgemeines:

Die beiden Gattungen „*Ibicella*" und „*Proboscidea*" gehören zur Familie der Gemsenhorngewächse. Während von „*Ibicella*" bisher nur die Arten „*Ibicella lutea*" und „*Ibicella parodii*" bekannt sind, kennt man von „*Proboscidea*" schon fast 20 Unterarten.

Der Name *Proboscidea* leitet sich vom Griechischen „*Proboscis*" ab. Das bedeutet Rüssel. Der Name bezieht sich wohl auf die riesige Samenkapsel der Pflanze, die wahrlich sonderbar aussieht, und ihr auch den deutschen Trivialnamen „Teufelskralle" eingebracht hat.

Der Name *Ibicella* leitet sich vom Lateinischen für „*Ibex*" ab, was so viel bedeutet wie Steinbock. Auch das spielt auf die außergewöhnliche Form der Samenkapseln an. Diese Pflanzen werden im Volksmund ebenfalls als Teufelskrallen bezeichnet.

Ibicella gilt als einjährige Pflanze, das heißt, dass bei „*Ibicella*" vom Keimling über die Pflanze und den Blüten bis hin zu den Samen nur eine Vegetationsperiode vergeht und die Pflanze danach abstirbt, während bei „*Proboscidea*" ein- und mehrjährige Arten existieren.

Bei beiden Gemshorngewächsen sind fast alle Teile der Pflanzen mit Drüsenhaaren bedeckt, was ihnen eine gewisse Klebrigkeit verleiht. Viele kleine Insekten bleiben daran kleben und verenden.

Bereits bei den Erstbeschreibungen wurde man auf die Klebrigkeit der Pflanzen aufmerksam und es wurde anfänglich von einer karnivoren Eigenschaft der Pflanzen ausgegangen.

Heute weiß man, dass die Pflanzen keine eigenen Enzyme ausbilden und damit keinen direkten Nutzen aus den gefangenen Insekten ziehen. Die Pflanzen gelten seither als präkarnivor.

Das natürliche Verbreitungsgebiet von „*Proboscidea*" erstreckt sich von Nordamerika bis hinab in den Norden Mexikos. „*Ibicella*" stammt ursprünglich aus Brasilien, Bolivien, Argentinien, Paraguay und Uruguay.

Kulturbedingungen:

Die Gemshorngewächse mögen am liebsten einen vollsonnigen Platz im Freien, wobei sie auch heißere Temperaturen problemlos vertragen. Eine Kultur unter Kunstlicht ist ebenfalls möglich.

An das Kultursubstrat stellen die Pflanzen keine besonderen Ansprüche. Es muss kein spezielles Torfsubstrat, sondern es kann normale Blumenerde verwendet werden, der man noch kleine Mengen Quarzsand, Perlit oder Vermiculit beimengen kann. Im Sommer verträgt die Pflanze auch Blatt- oder Bodendüngungen sehr gut. Das Substrat sollte stets feucht aber nicht dauerhaft nass gehalten werden. Als Gießwasser kann hier bedenkenlos auch gewöhnliches Leitungswasser verwendet werden.

Vermehrung:

Die vegetative Vermehrung durch Blatt- oder Wurzelstecklinge ist bisher noch nicht gelungen. Bei der generativen Vermehrung durch Samen werden die gereiften, großen, schwarzen Samenkapseln geöffnet und die darin enthaltenen Samen zunächst im Kühlschrank gelagert und im kommenden Frühjahr, möglichst zeitig, (Ende März-Anfang April) ausgesät. Die Samen werden ähnlich wie Kürbisse gezogen und ca. 1 bis 2 cm tief in nährstoffreiches Substrat gepflanzt, leicht angedrückt und regelmäßig gewässert. Nach ein paar Wochen beginnen sich die ersten kleinen Pflänzchen zu zeigen.

Besonderheiten:

In den Südstaaten Amerikas gelten die halbreifen Früchte, in Essig eingelegt, als Delikatesse. Auch die gerösteten Samen der Pflanzen sind essbar. Einige Arten von „*Proboscidea*", z. B. „*Proboscidea parviflora*", können auch zum Korbflechten verwendet werden.

„*Ibicella*" gehörte über 34 Jahre lang zu den Arten der *Proboscidea*. Erst 1925 wurde die eigene Gattung „*Ibicella*" aufgestellt.

Die Gemshorngewächse verströmen bei Berührung einen aasähnlichen Geruch, der vermutlich dazu dient, weitere Insekten anzulocken. Die Pflanzen ähneln im Wachstum den Kürbispflanzen und sollten auch ähnlich gehalten werden. Sie können dabei einen Durchmesser von bis zu 2 Metern erreichen.

Es bietet sich an, die Gemshorngewächse als natürliches Schädlingsbekämpfungsmittel ins heimische Gemüsebeet zu pflanzen.

Triphyophyllum – das Hakenblatt oder Dreifaltigkeitsblatt

Allgemeines:

Das Hakenblatt gilt als extrem gefährdet. Es hatte schon den Status einer vollständig ausgestorbenen Pflanze. Die sehr seltene, monotypische Art kommt ausschließlich noch in den Regenwäldern Westafrikas vor. Bei Züchtern ist das Hakenblatt aufgrund seiner Seltenheit und der äußerst schwierigen Haltungsbedingungen nicht in Kultur und kann nur noch in wenigen botanischen Gärten bestaunt werden. Die Pflanze sei hier auch nur der Vollständigkeit halber erwähnt.

Beim Hakenblatt handelt sich um eine Lianenart, die angeblich eine Größe von bis zu 50 Metern erreichen kann. Die Pflanze durchläuft dabei insgesamt 3 Wachstumsstadien, wobei sie nur im 2. Stadion kurzfristig ihre fleischfressenden Eigenschaften ausbildet. In ihrem karnivoren Stadium erkennt man ihre Verwandtschaft mit dem Taublatt. Die Pflanze bildet in diesem Stadium bis zu 25 cm lange tentakelbesetzte, passive Fangblätter, die aber nach wenigen Wochen wieder abgeworfen werden. Die Erstbeschreibung erfolgte 1920 vom französischen Botaniker Auguste Chevallier. Die karnivoren Eigenschaften wurden allerdings erst 1979 entdeckt.

Kulturbedingungen:

Als tropische Liane benötigt das Hakenblatt ganzjährig Temperaturen von bis zu 35 Grad Celsius, sowie eine hohe Luftfeuchtigkeit von über 90 Prozent. Eine Temperaturabsenkung auf ca. 20 Grad in der Nacht ist für das Wachstum erforderlich. Im natürlichen Habitat wächst sie ausschließlich in dichten, immergrünen Regenwäldern auf gut durchlüfteten, sauren, feuchten, humusreichen Böden.

Vermehrung:

Über die Vermehrungsmethoden des Hakenblattes ist auch aufgrund des komplexen Entwicklungszyklus nicht allzu viel bekannt. Eine Vermehrung über Samen scheint aber sicher möglich zu sein. Eine Vermehrung über Stecklinge gilt gleichfalls als möglich.

Besonderheiten:

Das Hakenblatt ist die größte fleischfressende Pflanze der Welt. Die Tentakel des Hakenblattes gehören zu den größten aller fleischfressenden Pflanzen. Zu den Beutetieren gehören unter anderem Spinnen, Moskitos, Wespen, Termiten, Grillen, Hundert- und Tausendfüßer sowie Käfer.

An vielen botanischen Gärten ist das Hakenblatt Bestandteil von Forschungsarbeiten. Die Wachstums- und Kulturbedingungen werden erforscht und es wird intensiv daran gearbeitet, die Pflanze vor dem endgültigen Aussterben zu bewahren.

***Brocchinia* und *Dischidia* – die fast fleischfressenden Bromelien und Ameisenpflanzen**

***Brocchinia reducta* – die fleischfressende Bromelie**

Allgemeines:

Die Gattung der „Bromelien" gehört zu den Ananasgewächsen und ist in Venezuela und Guyana beheimatet. Es sind bisher etwa 20 Arten der Gattung bekannt geworden. Alle Arten bilden, ähnlich wie die Schlauchpflanzen, ihre Blätter zu trichterförmigen Gebilden um. Oft kommt es vor, dass sich Insekten darin verirren und zu Tode kommen.

Bisher konnte aber nur bei einer einzigen dieser Arten, und zwar bei „*Brocchinia reducta*", eindeutig nachgewiesen werden, dass sie Enzyme bilden kann und damit tatsächlich karnivor ist und direkt zu den „echten" fleischfressenden Pflanzen gezählt werden muss. Bei anderen Arten wird davon ausgegangen, dass sie präkarnivor sind, also noch nicht zu den fleischfressenden Pflanzen gezählt werden können.

Der Fallenmechanismus von „*Brocchinia reducta*" gehört zu den Grubenfallen. Die Insekten werden vom gesammelten Wasser und Duftstoffen in den Kelchen angelockt und ertrinken. Die Pflanze zersetzt die Insekten durch eigene Enzyme und zieht daraus einen direkten Nutzen.

Kulturbedingungen:

Die unterschiedlichen Arten der Bromelien wachsen am Naturstandort meist als Aufsitzerpflanzen in Buschwerk, an Sumpfrändern und in Nebelwäldern. Einige Arten kommen auf Granit-, Vulkan- und Sandsteinböden vor. Dies bedeutet, es sollte möglichst nährstoffarmes Substrat für die Kultur verwendet werden.

Die fleischfressende Bromelie „*Brocchinia reducta*“ wächst oft in dichten Moospolstern und kann inklusive Blütenstand 30 bis 60 cm hoch werden. Das Wurzelwerk ist dabei aber nur schwächlich ausgeprägt. Ein häufiges Umtopfen sollte daher vermieden werden.

Die Pflanze benötigt viel Licht. Im Sommer sollte die Temperatur bei 25 Grad Celsius liegen. Im Winter bei 10 bis 15 Grad Celsius. Ein Rückgang der Temperaturen in der Nacht von mindestens 5 Grad Celsius ist für die Pflanzen, genau wie bei den Kannenpflanzen, im Winter und Sommer ebenfalls notwendig.

Als Substrat kann man ungedüngten Hochmoortorf, versetzt mit gereinigtem Quarzsand und ein wenig Perlit im Verhältnis 7:2:1, verwenden. Das Zusetzen von Torfmoos sorgt dafür, dass eine erhöhte Luftfeuchtigkeit gewährleistet bleibt. Eine Luftfeuchtigkeit von durchschnittlich ca. 70 % bekommt der Pflanze sehr gut.

Die Kultur der Bromelien benötigt ein wenig Fingerspitzengefühl. Die Pflanze darf nie austrocknen; dennoch darf sie auch nicht ständig im Anstauverfahren gehalten werden.

Die Trichter der Pflanze sollten stets etwa zu einem Viertel mit Wasser gefüllt sein.

Vermehrung:

Obwohl „*Brocchinia reducta*“ ein schwächliches Wurzelwachstum besitzt, kann die Pflanze durch Teilung vermehrt werden. Die Anzucht durch Samen ist ebenfalls möglich, bedarf aber einiger Erfahrung mit fleischfressenden Pflanzen.

Besonderheiten:

Oft kommt es vor, dass Spinnen ihr Netz direkt über der Öffnung der Bromelie errichten und dadurch einen Teil der Beute für sich beanspruchen.

Die Art „*Brocchinia acuminata*“ gehört zu den Ameisenpflanzen, dies bedeutet, bei dieser Art nisten sich Ameisen ein. Die Pflanze bildet eine angeschwollene Blattbasis, in der die Ameisen ihr Nest bauen können. Am Naturstandort ist knapp die Hälfte der fast 2 Meter hohen Pflanzen mit lebenden Ameisen der Gattung „*Camponotus*“ besiedelt.

Die Pflanzen bieten den Ameisen Schutz. Im Gegenzug erhalten sie Nährstoffe aus deren Exkrementen und Kadavern, die mithilfe von Bakterien, den Pflanzen als zusätzliche Nährstoffquelle dient.

Dischidia – eine faszinierende Symbiose mit Ameisen

Ebenso wie „*Brocchinia acuminata*“ gehören auch viele Arten der Gattung „*Dischidia*“ (Urnenpflanzen) zu den Ameisenpflanzen.

Diese sind zwar weder karnivor noch präkarnivor, doch leben Sie in einer faszinierenden Art von Symbiose mit Ameisen zusammen. Die Ameisen nisten sich in den urnenförmigen Blättern ein und tragen dabei einiges an Nistmaterial hinein. Nach einiger Zeit bilden die Pflanzen Adventivwurzeln, die in die Urnen hineinwachsen, sich verzweigen und dabei Nährstoffe aufnehmen können.

Die Ameisen sind wie bei der Bromelie „*Brocchinia arcuminata*“ gut vor Fressfeinden geschützt. Im Gegenzug erhält die Pflanze Nährstoffe aus den Exkrementen und Kadavern der Ameisen.

Zusätzlich tragen die Ameisen die Samen der Pflanzen weit in ihre Nester fort. Dort keimen die Samen und bilden neue Pflanzen, die wiederum von den Ameisen besiedelt werden. Zusätzlich werden die Pflanzen von den Ameisen vor Fressfeinden geschützt. Eine perfekt aufeinander abgestimmte Symbiose.

Die meisten der über 80 Arten der Urnenpflanze wachsen epiphytisch als Aufliegerpflanzen auf Bäumen und Steinen und haben sehr unterschiedliche Ansprüche an Temperatur, Licht und Luftfeuchtigkeit.

Ihr natürliches Vorkommen beschränkt sich heute noch auf Südostasien, Australien und Neu-Guinea.

Catopsis – die fast fleischfressende Tillandsie

Allgemeines:

„*Catopsis*“ gehört wie „*Brocchinia*“ zur Familie der Bromelien. Bei beiden handelt es sich um Ananasgewächse. Die Gattung „*Catopsis*“ bildet in der Unterfamilie der „Tillandsien“ insgesamt 21 Arten aus, von denen aber nur die eine Art, „*Catopsis berteroniana*“, als präkarnivor und damit als fast fleischfressende Pflanze gilt.

Die Insekten ertrinken in dem mit Regenwasser gefüllten Trichter, den die Blätter gebildet haben. Die ertrunkenen Insekten können nicht direkt durch eigene Enzyme verdaut werden, doch helfen auch hier Bakterien und Pilze bei der Zersetzung der Kadaver. Dadurch erhält die Pflanze eine verwertbare Substanz, die sie aufnehmen und verwerten kann.

Das natürliche Verbreitungsgebiet von „*Catopsis berteroniana*“ erstreckt sich von Florida über Mexiko bis zu den karibischen Inseln, Ecuador und Ostbrasilien. Die Pflanze wächst dort meist epiphytisch auf Bäumen. Mit ihren Wurzeln verankert sie sich in der Baumrinde, dabei entzieht sie dem Baum aber keinerlei Nährstoffe und gilt daher auch nicht als Schmarotzer. Die schwachzehrende Pflanze ernährt sich ausschließlich von Regenwasser und den gefangenen, zersetzten Insekten.

Kulturbedingungen:

„*Catopsis berteroniana*" benötigt für das Wachstum sehr viel Licht und sollte daher bestenfalls an einem Südfenster platziert werden. Die Temperatur sollte im Sommer zwischen 20 und 35 Grad liegen, im Winter zwischen 10 und 20 Grad. Eine Temperaturabsenkung in der Nacht von ca. 5 Grad Celsius ist hier ebenfalls ratsam. Die Luftfeuchtigkeit sollte zwischen 60 % und 90 % liegen.

Das Kultursubstrat sollte immer gut luftdurchlässig sein. Es kann Hochmoortorf gemischt mit 10 % Perlit und Sphagnum-Moos, aber auch reine Orchideenerde verwendet werden. Es ist auch möglich, „*Catopsis*" mit Moos auf einen Baumstumpf oder einen großen Ast zu binden.
Staunässe sollte unbedingt vermieden werden, da die Wurzeln sehr schnell im Wasser verschimmeln können.

Vermehrung:

„*Catopsis*" kann generativ durch Samen vermehrt werden. Es sollte abgewartet werden, bis die Pflanze verblüht ist. Dann kann man die Blüte abschneiden und die Samen abschütteln. Diese werden auf das Substrat (eine Mischung aus 70 % ungedüngtem Hochmoortorf und 30 % gewaschenem Quarzsand) gelegt. Die Samen werden nur leicht angedrückt und nicht mit Substrat bedeckt, da es sich auch hier um Lichtkeimer handelt. Die ausgelegten Samen sollten hell, aber nicht in direkter Sonne stehen. Wenn sie es warm haben, gut angefeuchtet und mit einer klaren Plastikfolie überstülpt sind, keimen die Samen innerhalb weniger Wochen. Nach Bildung der ersten Jungpflanzen kann die Plastikfolie entfernt und die kleinen Pflänzchen langsam an die Umgebungsluft, Temperatur und Luftfeuchtigkeit gewöhnt werden.

„*Catopsis*" kann aber auch einfacher, vegetativ, über sogenannte Kindel vermehrt werden.
Dazu trennt man die an der Basis der Mutterpflanze hervortretenden Jungpflanzen mit einem desinfizierten Messer ab. Den Ausläufer kann

man anschließend mit Sphagnum-Moos an einen Ast binden oder in entsprechendes Substrat eintopfen. Die Jungpflanze sollte nicht zu früh getrennt werden und bereits eine Größe von ca. 5 bis 10 cm erreicht haben und die entsprechende Rosettenform aufweisen.

Besonderheiten:

Bis zum Ende des 19. Jahrhunderts war es umstritten, zu welcher Gattung die präkarnivore Pflanze, die heute *Catopsis berteroniana* genannt wird, zugeordnet werden sollte.

Anfangs wurde die Pflanze noch direkt der Gattung der Tillandsien zugeordnet, daher findet man in älteren Werken auch noch oft die botanischen Beschreibungen:

"*Tillandsia pendula*", „*Tillandsia berteroniana*", „*Catopsis mosenii*", „*Pogospermum berteronianum*" oder „*Renealmia pendula*". Anfang des 20. Jahrhunderts wurde sie aber endgültig der Gattung „*Catopsis*" zugeordnet und erhielt ihren heutigen Namen „*Catopsis berteroniana*".

Sarracenia – die Schlauchpflanze

Allgemeines:

Die Schlauchpflanzen gehören wohl zu den eindrucksvollsten der fleischfressenden Pflanzen. Ihre Größe und Farbenpracht fasziniert nicht nur ihre Beutetiere. Die Blätter der Pflanze werden zu schlauchartigen Gebilden umfunktioniert. Die Schläuche haben sich im Laufe der Evolution zu genialen Fallen umgewandelt. Die „*Sarracenien*“ bilden eine Nektarspur, die vom Deckel ins Innere der Schläuche führt, um damit die Insekten in die Falle zu locken. Im Falleninneren beginnt dann plötzlich eine Gleitzone, welche die Beutetiere unweigerlich in den Schlauch fallen lässt. Die abwärts gerichteten Sperrhaare im Inneren der Pflanze verhindern das Entkommen der Insekten. Im Falleninneren werden die erbeuteten Insekten dann durch Verdauungsenzyme zersetzt. Die schönen Farbzeichnungen der Pflanzen sollen ebenfalls dazu dienen, die Insekten anzulocken.

Die Schlauchpflanzen sind in ihrem natürlichen Verbreitungsgebiet sehr selten geworden und tauchen heute nur noch im südöstlichen Teil der USA auf. Es existieren 8 Hauptarten der Gattung „*Sarracenia*“. Allerdings sind durch Kreuzungen der Hauptarten viele hundert hybride Kulturarten entstanden. „*Sarracenia flava*“ gehört zu den größten Schlauchpflanzen und kann unter optimalen Kulturbedingungen Schläuche ausbilden, die fast einen Meter hoch werden.

Kulturbedingungen:

Die meisten Schlauchpflanzen sind prinzipiell sehr anspruchslos in der Kultur und eignen sich daher sehr gut für den Anfänger. Außer dem richtigen Substrat aus einer Mischung aus Hochmoortorf, Perlit und gereinigtem Quarzsand im Verhältnis 4:1:1, kalkfreiem Gießwasser, dem Anstauverfahren, viel Licht und ausreichend Platz für das Wurzelreich, benötigen die Pflanzen nichts weiter. An die Luftfeuchtigkeit werden keine besonderen Ansprüche gestellt. Die meisten „*Sarracenien*" sind in unseren Breitengraden winterhart und können das ganze Jahr in Kübeln im Freien gehalten werden. In großen Blumenkübeln oder im Moorbeet fühlen sich die Pflanzen am wohlsten, da sie hier das größte Nahrungsangebot vorfinden und volles Sonnenlicht abbekommen. Eine Haltung unter Kunstlicht ist ebenfalls möglich. Die Pflanzen sind nach ca. 3 Jahren blühfähig und nach ca. 6 Jahren voll ausgewachsen.

Die Schläuche von „*Sarracenia purpurea*" sollten immer knapp zur Hälfte mit Regenwasser gefüllt sein. Bei den anderen Schlauchpflanzenarten ist dies nicht nötig. Der Deckel an den Schläuchen verhindert ein übermäßiges Eindringen von Regenwasser.

Im Winter werden die Schläuche braun und sterben ab. Die Pflanze stellt das Wachstum ein und begibt sich in Winterruhe. Im nächsten Frühjahr kann man die verwelkten Schläuche dann an der Basis abschneiden. Dies fördert das Wachstum der neuen Schlauchtriebe. Innerhalb weniger Wochen bilden sich viele neue, große Schläuche und die Pflanze kann erneut ausgiebig Beute machen.

Vermehrung:

Das Vermehren der Schlauchpflanzen mit Blattstecklingen ist nicht möglich. Die abgeschnittenen Schläuche besitzen nicht die Fähigkeit, Wurzeln zu bilden. Es besteht aber die Möglichkeit, das Rhizom, also den Wurzelstock, bei einer ausgewachsenen Pflanze mit einem desinfizierten Messer vertikal zu zerteilen. Man erhält so zwei oder mehr genetisch identische Pflanzen, die wie die Mutterpflanze weiter kultiviert werden. Oft benötigen die zertrennten Pflanzenteile dann ein paar Wochen, um sich zu erholen, bevor sie anschließend wieder in gewohnter Geschwindigkeit wachsen.

Eine weitere Methode ist die Vermehrung über Samen. Dazu müssen aber die Blüten der Pflanzen mit anderen „*Sarracenia*"-Blüten bestäubt werden. Dabei ist darauf zu achten, dass nur die Blüten der gleichen Art verwendet werden. Bei Blüten von verschiedenen Arten entsteht eine hybride Samenmischung aus beiden Mutterpflanzen. Eine Aufteilung von männlichen und weiblichen Blüten gibt es bei den Schlauchpflanzen nicht.

Die gewonnenen Samen sollten im Kühlschrank lagern und erst wieder im Frühjahr auf reinen Torf ausgesät werden. Die Samen benötigen etwas Zeit, bis sie das Keimen beginnen. So kann es einige Wochen oder Monate dauern, bis sich die ersten kleinen Sämlinge zeigen. Um die Keimrate zu erhöhen, sollte man die Samen einen Tag vor der Aussaat in destilliertem Wasser aufweichen lassen. Die Samen werden dann auf reinen Torf gelegt und leicht angedrückt. Es ist darauf zu achten, dass sie nicht mit Torf bedeckt werden, da es sich um Lichtkeimer handelt.

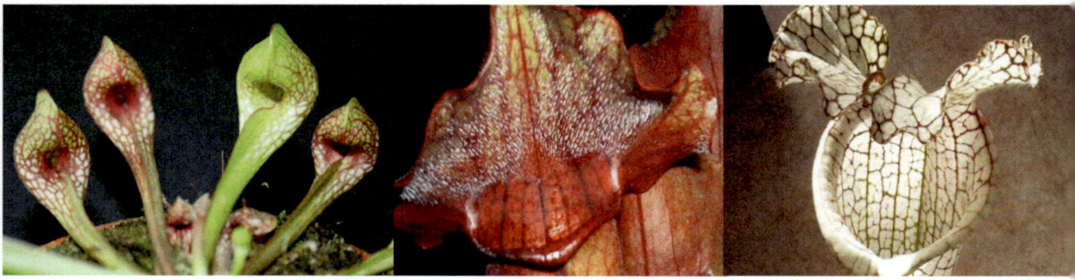

Besonderheiten:

„*Sarracenia purpurea ssp. purpurea*" gehört zu den widerstandsfähigsten fleischfressenden Pflanzen und übersteht Temperaturen von +45 Grad Celsius im Sommer und -35 Grad Celsius im Winter.

Auf der Europäischen Karnivoren Tauschbörse „EEE" wurde im Jahr 2012 eine gigantische fleischfressende „*Sarracenia flava*"-Pflanze ausgestellt, die einen so großen Schlauch ausgebildet hatte, dass man problemlos den ganzen Arm darin hätte hineinstecken können.

Wie effektiv der Fallenmechanismus der Schlauchpflanzen tatsächlich ist, lässt sich beobachten, wenn die Pflanzen im Freien kultiviert werden. Hier sind die Schläuche oft randvoll mit Beutetieren gefüllt, was wiederum einige Vogelarten anlockt, die sich „frecherweise“ an den mit Insekten gefüllten Schläuchen bedienen.

Cephalotus follicularis - der Zwergkrug

Allgemeines:

Der Zwergkrug ist eine monotypische Gattung und „*Cephalotus follicularis*“ ist die einzige Art ihrer Gattung. Er ist nur noch in Südwestaustralien beheimatet und in freier Natur sehr selten geworden.

Beim Zwergkrug wird ein Teil der Blätter zu wunderschönen, kleinen und bunten Krügen umfunktioniert. Die Krüge besitzen einen Deckel, welcher wie ein Dach vor zu viel Regenwasser im Inneren schützt.

Die Pflanze bildet 2 verschiedene Arten von Blättern aus. Die gewöhnlichen, nicht karnivoren Laubblätter und die anderen, zu Krügen geformten, karnivoren Fangblätter. In der Natur kann der Krug eine Größe von 5 cm erreichen, wobei er im Normalfall aber nur ca. 2 bis 3 cm groß wird.

Um die Insekten besser anlocken zu können, bildet die Pflanze unter vollem Sonnenlicht wunderschöne Farbzeichnungen der Krüge und teilweise lichtdurchlässige Deckel aus. Eine Nektarspur führt dann, wie bei den Schlauchpflanzen auch, vom Fallendeckel in den Krug. Die Insekten folgen der Spur in das Innere der Pflanze. Dort beginnt die Gleitzone und die Insekten fallen unweigerlich in den Krug. Die Gleitzone ist mit winzigen, in eine Richtung weisende Widerhaken versehen. Dies bedeutet, dass die Insekten ins Innere rutschen können, aber keine Chance mehr haben, wieder herauszukommen. Dies verhindern die winzigen Sperrhaare. Im Inneren der Falle sondern die Drüsen die enzymhaltigen Sekrete ab, mit denen das Opfer verdaut wird.

Kulturbedingungen:

Die Pflege des Zwergkruges ist recht einfach. Als Substrat hat sich reiner Hochmoortorf gut bewährt. Der Torf kann auch mit Quarzsand, Perlite oder Kork gemischt werden. Es können auch lockere Substratmischungen ohne Düngerzusätze eingesetzt werden.

Die optimale Luftfeuchtigkeit beträgt ca. 60-80 %. Die Pflanzen sollten es im Sommer stets feucht haben, gewöhnlich wird dann im Anstauverfahren gegossen. Dass heißt, die Pflanzen immer von unten bewässern und etwas im Wasser stehen lassen. Wird das Kultursubstrat zu trocken, geht die Pflanze schnell ein. Torfmoose als Begleitpflanzen sind empfehlenswert, um die Feuchtigkeit zu halten und Bakterien- und Schimmelbildung vorzubeugen. Es sollte aber darauf geachtet werden, dass die Krüge nicht zu viel Feuchtigkeit abbekommen. Die Krüge werden ansonsten sehr schnell braun und sterben ab. Aus diesem Grund sollte nur von unten mit Regenwasser gegossen werden. Im Sommer verträgt die Pflanze bis zu 30 Grad Celsius. Zwergkrüge sind Sonnenanbeter und sollten nie zu dunkel stehen.

Die Raumtemperatur darf im Winter nicht zu warm sein. 10 bis 15 Grad Celsius sind angemessen. Trockene und warme Heizungsluft ist in den kalten Jahreszeiten zu vermeiden. „*Cephalotus*“ sollte im Winter auch nicht ganz so feucht stehen. Werden die Pflanzen in voller Sonne gehalten, färben sich die Krüge rötlich. Eine Kultur unter hellem Kunstlicht ist ebenfalls möglich. Es sollte nur mit kalkfreiem Wasser gegossen werden, (Regenwasser, Brunnenwasser oder destilliertes Wasser) da die fleischfressende Pflanze gewöhnliches, kalkhaltiges Leitungswasser nicht verträgt. Leichte Düngungen werden in den Sommermonaten gut vertragen, sind aber nicht zwingend erforderlich.

Vermehrung:

Die Vermehrung über Samen ist sehr langwierig und die Keimrate recht gering. Zu empfehlen ist die Vermehrung durch Blattstecklinge. Dabei werden entweder karnivore oder nicht karnivore Blätter möglichst weit an der Blattbasis abgeschnitten und dann in feuchtes Substrat gesteckt und bei einer

Luftfeuchtigkeit von ca. 70 bis 80 % gezogen. Es kann einige Wochen bis Monate dauern, bis sich erste Pflänzchen bilden. Eine Vermehrung über Wurzelstecklinge ist ebenso möglich. Hierzu werden ein paar Zentimeter der Wurzel ca. 1 cm mit Substrat bedeckt und möglichst feucht gehalten. Ausgewachsene Pflanzen bilden Ableger, die vorsichtig geteilt werden können.

Besonderheiten:

Die kleinen Krüge von „*Cephalotus*" sind „raffiniert" gebaute Fallen, die höchst wirksam sind. Die fleischfressende Pflanze ist nicht nur besonders verführerisch für Ameisen, die sie in beträchtlichen Mengen einfangen kann, sondern sie lockt durch ihre Nektardrüsen auch viele Fluginsekten an.

Darlingtonia californica - die Kobralilie

Allgemeines:

„*Darlingtonia californica*“ ist eng mit den Schlauchpflanzen verwandt. Ihre Blätter sind jedoch gänzlich anders aufgebaut und die Fallen noch „raffinierter“.

Voll entwickelt ähnelt die Pflanze tatsächlich einer gelbgrünen, züngelnden und zuschnappenden Kobra; daher stammt auch ihr deutscher Name „Kobralilie“.

Die Pflanze wurde 1853 erstmalig von dem US-amerikanischen Botaniker John Torrey beschrieben und nach seinem Freund, den Botaniker und Arzt William Darlington, benannt.

Diese präkarnivore Art ist monotypisch und die einzige ihrer Gattung. Die aufrechtstehenden Schläuche locken mit ihren kleinen, durchsichtigen und mit Nektar getränkten Fensterchen Insekten an. Diese steigen, vom Nektar angelockt, in die kleine Öffnung an der Helmkuppel. Sperrhaare im Inneren der schlangenartigen Schläuche verhindern das Entkommen der Beutetiere. Die Insekten verenden im Schlauchinneren und werden dort durch spezielle Bakterien zersetzt.

Das Verbreitungsgebiet dieser selten gewordenen und geschützten Pflanze erstreckt sich heute nur noch über die Pazifikküste der USA sowie über nördliche Teile von Kalifornien.

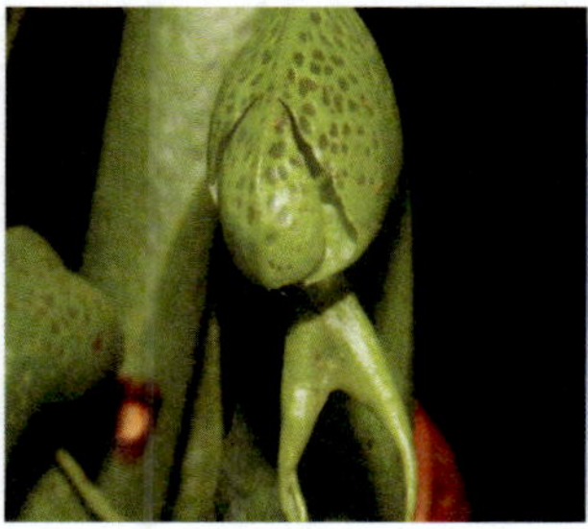

Kulturbedingungen:

Die natürlichen Bedingungen der Kobralilie in der Kultur nachzubilden, ist nicht so einfach. Die Pflanze wächst, am Naturstandort unterspült von Wasser, an Flussrändern. Das Wurzelreich der Pflanze benötigt ständige Feuchtigkeit und kühle Temperaturen. Probleme bei der Kultur treten daher hauptsächlich im Hochsommer auf.

Um die Natur am besten nachzubilden, verwendet man extra größere Tontöpfe und legt ein paar Tonscherben auf den Grund. Danach setzt man die Pflanze in eine grobe Torfmischung, vermengt mit Perliten und gereinigtem, gröberem Quarzsand im Verhältnis 4:1:1. Auf die Oberfläche kann man auch noch lebendes Torfmoos setzen. Um die Wurzeln im Sommer vor Hitze zu schützen, kann der Topf auch noch in ein weiteres, größeres Pflanzgefäß mit feuchtem Torf gesetzt werden.

Die Luftfeuchtigkeit kann mit einem durchsichtigen Beutel mit Luftlöchern hochgehalten werden. Ca. 80 % sind empfehlenswert. Die Pflanzen sollten nie der direkten Mittagssonne ausgesetzt werden. Regelmäßiges Gießen mit möglichst kaltem, kalkfreiem Wasser ist ebenfalls ratsam. Ständige Staunässe sollte dabei aber vermieden werden.

Natürliches Licht ist zu bevorzugen, im Hochsommer sollte man leicht schattieren, um zu verhindern, dass die Wurzeln zu warm werden. Die Pflanzen können auch unter Kunstlicht gehalten werden; Sie werden dann aber nicht so gedrungen wachsen.

Im Winter werden auch leichte Fröste von den Kobralilien gut vertragen. Kleine Sämlinge sollten aber warm durchkultiviert werden. Gerade bei Jungpflanzen muss man eine Überhitzung des Wurzelwerkes vermeiden.

Vermehrung:

Die Pflanze wird am besten durch vorsichtige Teilung junger Ausläufer, die aus dem Wurzelstock herauswachsen, vermehrt.

Auch das Vermehren durch Samen ist möglich. Hierzu sollten die Samen im kalkarmen Wasser vorgequollen werden, bis sie auf den Grund sinken. Danach kann man sie auf spezielles Substrat auslegen und bei kühlen Temperaturen auf dem Substrat keimen lassen. Eine Unterscheidung zwischen männlichen und weiblichen Pflanzen ist nicht gegeben.

Besonderheiten:

„*Darlingtonia californica*" bildet keine Hauptwurzel. Sie bildet aus dem Rhizom heraus zahlreiche feine Haarwurzeln.

Die Pflanzen können unter guten Kulturbedingungen eine Höhe von 80 cm erreichen und dabei faustgroße, wunderschöne Blüten ausbilden.

An und in den Kobralilien leben einige Insektenarten in sehr enger Symbiose mit den Pflanzen. Eine winzige Milbenart „*Sarraceniopus darlingtoniae*" kommt sogar nur ausschließlich in den Schläuchen von „*Darlingtonia*" vor.

Heliamphora - der Sumpfkrug

Allgemeines:

Die Gattung des Sumpfkruges wurde erstmalig im Jahr 1840 vom britischen Botaniker George Bentham beschrieben. „*Heliamphora*“ ist auf den Tafelbergen im Süden Venezuelas, in Guayana und Brasilien beheimatet und eng mit den Schlauchpflanzen verwandt. An den Naturstandorten herrschen teilweise extreme Wetterbedingungen wie Stürme, Nebel, lang anhaltende Regengüsse sowie starker Sonnenschein. Die Nährstoffe in den Böden sind in diesen Gebieten durch die hohen Niederschläge so sehr ausgelaugt, dass nur wenige Pflanzen hier wachsen können.

Der Sumpfkrug hat sich den extremen Bedingungen anpassen müssen. Die dicken Blätter haben sich im Laufe der Evolution zu Krügen weiterentwickelt, die das Regenwasser auffangen und so die Pflanze vor der zeitweisen Austrocknung und dem starken UV-Licht der Sonne schützen können.

Einen weiteren großen Vorteil bieten die gefüllten Krüge dadurch, dass angelockte Insekten darin ertrinken. Es wird vermutet, dass sich im Inneren der Falle eine Bakterienfauna bildet, welche die Insekten zersetzt und dadurch die Pflanze mit notwendigen Nährstoffen versorgt.

Streng genommen gehören die meisten Arten des Sumpfkruges aber dennoch nicht direkt zu den fleischfressenden Pflanzen und müssen zu den Präkarnivoren gezählt werden, da fast keine Art nachweislich eigene Enzyme zur direkten Verdauung ausbilden kann.

Bisher sind 19 Arten der Gattung bekannt geworden.

Die Kultur des Sumpfkruges wird im Allgemeinen als ziemlich anspruchsvoll definiert. Er ist aber recht simpel zu halten, wenn einige grundlegende Dinge beachtet werden.

Kulturbedingungen:

Es sollte versucht werden, die Kulturbedingungen, die auch am Naturstandort herrschen, bestmöglich nachzubilden. Der Sumpfkrug benötigt einen möglichst sonnigen Standort zum Wachsen. Im Winter sollte daher mit ausreichend Zusatzbeleuchtung gearbeitet werden. Der Sumpfkrug mag ganzjährig Temperaturen von 20 bis 25 Grad Celsius. Eine Nachtabkühlung auf 15 bis 10 Grad ist ebenfalls für das Wachstum förderlich.

Die Luftfeuchtigkeit sollte bei ca. 70 bis 80 % liegen. Zu warme und trockene Heizungsluft bekommt den Pflanzen im Winter nicht und sollte vermieden werden. Gegossen werden darf auch hier selbstverständlich nur mit kalkarmem Wasser. Das Substrat für die Pflanzen sollte möglichst nährstoffarm, locker und luftdurchlässig sein. Eine Mischung aus ungedüngtem Hochmoortorf, Perlit, Vermiculit und gereinigtem Quarzsand im Verhältnis 4:1:1:1 ist gut geeignet. „Sphagnum" Moos, das auf dem Substrat wächst, hilft die für die Pflanzen notwendige hohe Luftfeuchtigkeit zu halten. Ein Substrat aus reinem „Sphagnum"-Moos oder Torf und Perlite im Verhältnis 4:1 kann ebenso verwendet werden. Die Kulturbedingungen der „*Heliamphora*" ähneln denen mancher Kannenpflanzen, die gleichfalls tropisch sind. Beide Gattungen lassen sich auch sehr gut zusammen in einem warmen und feuchten Terrarium ganzjährig halten. Im Hochsommer sollte man Tontöpfe verwenden, die man in ein weiteres Gefäß mit feuchtem Torf oder Torfmoos stellt, um eine Überhitzung der Wurzeln zu verhindern. Im Sommer können auch leichte Blattdüngungen gegeben werden. Die Schläuche sollten immer zu ca. einem Viertel mit Regenwasser gefüllt sein.

Vermehrung:

„*Heliamphora*“ lassen sich im Gegensatz zu den Kannenpflanzen durch Rhizomteilung vermehren. Hierzu wird der Sumpfkrug aus dem Topf entnommen und von der anhaftenden Erde befreit. Der nun freiliegende, weiße Wurzelstock wird mit einem sterilen Werkzeug vertikal so zerteilt, dass an jedem Teil noch ein Stückchen Wurzelstock anhaftet. Die so erzeugten Jungpflanzen werden in das gleiche Substrat wie die ausgewachsenen Pflanzen gesetzt und genauso gehalten wie diese. Auch wenn die meisten Jungpflanzen anfangs noch etwas kümmerlich aussehen, so wachsen sie doch nach einer gewissen Zeit gut an und bilden neue kleine Krüge.

Der Sumpfkrug kann aber auch generativ durch Samen vermehrt werden. Die Samen sind, wie bei fast allen fleischfressenden Pflanzen, Lichtkeimer und sollten auf das Substrat gelegt, feucht gehalten und nicht eingegraben werden.

Besonderheiten:

Bei der Sorte „*Heliamphora tatei*“ können die Krüge eine Höhe von über 40 cm erreichen. Sie ist auch die bisher einzige *Heliamphora* Art, bei der eigene Enzyme nachgewiesen wurden und die damit auch als echte fleischfressende Pflanze gilt.

Bei großen, ausgebildeten Krügen findet man in der Mitte eine kleine Öffnung, die wohl als Feuchtigkeitsregulator fungiert und, bei den extrem hohen Niederschlagsmengen am Naturstandort, eine Notwendigkeit darstellt.

Nepenthes - die Kannenpflanze

Allgemeines:

Die ersten Kannenpflanzen wurden vermutlich im Jahr 1658 vom Gouverneur von Madagaskar beschrieben. Damals, wie auch heute, war man von der außergewöhnlichen Form der Pflanze erstaunt. Allerdings erkannte man noch nicht ihre fleischfressenden Eigenschaften und hielt ihre Kannen für Blüten. Eine Täuschung, auf die auch heute noch viele Laien hereinfallen.

Doch in Wirklichkeit sind die Kannen der „*Nepenthes*"-Pflanze hochentwickelte Fangwerkzeuge für allerlei Insekten und sogar kleine Wirbeltiere. Teile der Blätter wurden zu effektiven Fallgruben umfunktioniert. Die Beutetiere werden durch die ausgefallenen und wunderschönen Farben und Muster der Kannen und speziellen Düften angelockt. Sie fallen ins Innere der Kannen, von dort gibt es kein Entkommen mehr, und die Beute wird in der Verdauungsflüssigkeit zersetzt.

Bis heute sind ca. 120 unterschiedliche Arten der Gattung bekannt geworden. Die Kannenpflanze ist in den tropischen Gebieten Südostasiens beheimatet. Sie kommt in Borneo, Sri Lanka, den Seychellen, Nordindien, Indochina, Madagaskar und Nord-Australien vor. Durch die Zerstörung ihres Lebensraumes ist sie in der Natur leider sehr selten geworden, manche Arten sind vom Aussterben bedroht.

Kulturbedingungen:

Man unterscheidet zwischen Hoch und Tieflandarten.

Die tropischen Tieflandarten stammen aus Höhen unter 1.200 Meter und verlangen für das Wachstum ganzjährige warme Temperaturen von ca. 25 bis 30 Grad Celsius und eine erhöhte Luftfeuchtigkeit zwischen 70 und 90 %. Die Temperatur sollte dauerhaft nicht unter 25 Grad Celsius fallen. Eine Temperaturabsenkung während der Nacht vertragen die Tieflandarten nicht. Die Tieflandarten vertragen keinerlei Kälte. Selbst kurzfristiger Frost führt zum sofortigen Absterben der Pflanze. Eine direkte Sonneneinstrahlung im Sommer sollte ebenfalls vermieden und dann leicht schattiert werden. Eine Kultur unter Kunstlicht ist möglich.

Von Hochland „*Nepenthes*" spricht man, wenn die Pflanzen in Höhenlagen von über 1.200 bis ca. 3000 Metern vorkommen. Diese Arten, zu denen beispielsweise auch „*Nepenthes alata*" gehört, bevorzugen tagsüber Tagestemperaturen von rund 25 Grad Celsius. Nachts sollte die Temperatur dann auf ca. 10 Grad Celsius abgesenkt werden. Auch hier ist eine erhöhte Luftfeuchtigkeit von mindestens 70 % ratsam.

Für die Kannenpflanzen ist eine Haltung im Gewächshaus oder im Terrarium zu empfehlen, damit die benötigte erhöhte Luftfeuchtigkeit entsteht. Man kann die Pflanzen auch unter einer durchsichtigen Plastikfolie halten. Auch im Badezimmer hat sich schon so manche Kannenpflanze eingelebt. Ein regelmäßiges Übersprühen mit kalkfreiem Wasser oder ein zusätzlicher Luftbefeuchter tut den Pflanzen vor allem an heißen Tagen besonders gut.

Als Kultursubstrat haben sich Torfgemische gut bewährt, der Torfanteil sollte dabei aber nicht zu hoch sein und mit Zusätzen wie Perlite, Vermiculite, gereinigtem Quarzsand, Kork, Blähton oder Kies gemischt werden. *Nepenthes*-Pflanzen wachsen auch sehr gut in Hydrokultur. Die Pflanzen sollten niemals austrocknen und immer feucht gehalten werden. Jedoch dürfen Nepenthes auch nicht ständig im Nassen stehen. Das Anstauverfahren, bei dem die Wurzeln ständig im Wasser stehen, ist für die Kannenpflanzen nicht geeignet. Am einfachsten ist es, wenn die Pflanze in einer Hängeampel steht, so kann das überschüssige Wasser abfließen. Für die Kannenbildung scheint es ebenfalls vorteilhaft zu sein, wenn die Pflanze hängend gehalten wird und die Kannen nicht aufliegen.

Stehen die Pflanzen im Winter etwas kühler, sollten sie auch nur noch mäßig feucht gehalten werden. Trockene Heizungsluft bekommt Kannenpflanzen im Winter nicht sehr gut und sollte vermieden werden. Im Sommer können leichte Düngungen auf die Blätter oder das Substrat gegeben werden.

Vermehrung:

Kannenpflanzen lassen sich nicht über Blatt- oder Wurzelstecklinge vermehren. Die einzige Methode der vegetativen Vermehrung besteht darin, Kopfstecklinge zu ziehen. Das heißt, die Spitze einer ausgewachsenen Pflanze wird mit 1 bis 2 Blättern am Stil abgeschnitten und senkrecht in das feuchte Substrat gesteckt. Die so gewonnenen Jungpflanzen werden wie die ausgewachsenen Pflanzen gehalten und dürften innerhalb von ca. 5 bis 10 Wochen Wurzeln ausbilden.

„*Nepenthes*" können auch generativ über Samen vermehrt werden. Bei der Aufzucht gelten die gleichen Regeln wie bei allen fleischfressenden Pflanzen. Die Kannenpflanzen gehören jedoch zu den einzigen zweigeschlechtlichen, fleischfressenden Pflanzen. Es existieren männliche und weibliche Pflanzen, was bei der Bestäubung der Blüten zu beachten ist, da immer jeweils männliche und weibliche Blüten zur Bestäubung benötigt werden.

Besonderheiten:

In den tropischen Gebieten von Madagaskar wurden riesige, meterhohe „*Nepenthes*"-Pflanzen entdeckt. In den Kannen fand man zersetzte Frösche und andere kleine Wirbeltiere. In einer Kanne hat man, zum großen Erstaunen der Forscher, sogar ein Skelett eines kleinen, verdauten Affen vorgefunden. Es wird davon ausgegangen, dass das Tier krank gewesen sein muss, da es sich ansonsten leicht hätte befreien können.

Auf Borneo haben sich Wollfledermäuse in „Nepenthes"-Kannen eingenistet. Die Fledermäuse nutzen die Kanne als Schlafplatz und als Toilette. Eine typische Symbiose. Die Kannen bieten den Fledermäusen Schutz und die Pflanze profitiert von den Ausscheidungen der Tiere. Aufgefressen wird die Fledermaus nicht, weil sie sich mit ihren Widerhaken an den Füßen problemlos an der glitschigen Innenwand der Kannenpflanze bewegen kann.
Ein ähnliches Prinzip nutzen auch manche Spinnen, die sehr gerne ihre Fangnetze direkt über der Öffnung der Kanne spinnen. Auf diese Weise können sie der Pflanze das ein oder andere Insekt wegschnappen und selbst verzehren.

Da Kannenpflanzen als einzige Gattung der fleischfressenden Pflanzen in männliche und weibliche Pflanzen unterschieden werden können, kann man sagen, dass die Kannenpflanzen daher evolutionsbiologisch unter den Karnivoren die am weitesten fortgeschrittene Gattung sind.

Die Blüten der Kannenpflanzen sind alles andere als wohlriechend. Um Beutetiere anzulocken, verströmen sie einen intensiven, unangenehmen, Geruch, der an Aas erinnert.

Utricularia - der Wasserschlauch

Allgemeines:

Beim ersten Anblick eines Wasserschlauches würde man kaum vermuten, dass es sich tatsächlich um eine trickreiche, fleischfressende Pflanze handelt. Obwohl er mit seinen rund 250 bisher bekannten Arten zu den artenreichsten Gattungen der fleischfressenden Pflanzen zählt, wird er von vielen Liebhabern fleischfressender Pflanzen anfangs nur wenig beachtet. Dies mag daran liegen, dass sich die raffinierten Fangblasen der „*Utricularia*" meist unterirdisch bilden und winzig klein sind. Wer sich jedoch mit den Wasserschläuchen beschäftigt, ist schnell vom außergewöhnlichen Fangmechanismus und der ausschweifenden Blütenpracht begeistert.

Die Gattung *Utricularia* wurde erstmals im Jahr 1753 von Carl von Linné in seinem bedeutenden Werk „*Species Plantarum*" mit damals 5 bekannten Arten erwähnt. Die Veröffentlichung des Werkes gilt bis heute als Begründung der modernen Nomenklatur für Pflanzen.

Der Wasserschlauch bildet meist kleine, sehr unscheinbare Blätter aus. Die Wurzeln hingegen entwickeln einzigartige Fangblasen. Diese Fangbläschen sind zwischen 0,5 und 5 mm groß und können Kleinstlebewesen wie Wasserflöhe, kleine Mückenlarven, Würmer, Kleinkrebse und sogar Fischlaich blitzschnell einsaugen.

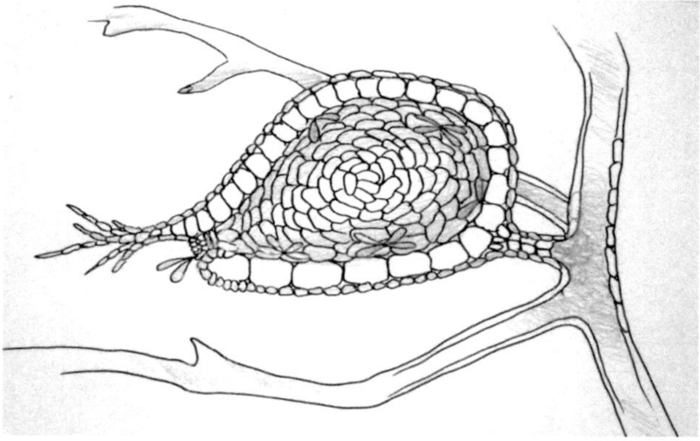

Unter dem Mikroskop kann man die raffinierten Fangblasen erkennen. Diese können ein winziges Insekt durch Überdruck blitzschnell einsaugen. An den Blasen befinden sich am Falleneingang winzige Fühlhärchen. Werden diese Härchen von einem Kleinlebewesen berührt, so pumpt die Pflanze blitzschnell knapp die Hälfte des Wassers aus der Blase und erzeugt so einen Unterdruck. Dadurch öffnet sich die Klappe sofort nach innen und das Insekt wird unwiderruflich in die Fangblase eingesaugt. Das Beutetier wird danach durch Verdauungssäfte im Inneren der Fangblase zersetzt. Schon nach wenigen Stunden sind die Fallen wieder für den nächsten Fang bereit.

Die aquatischen Arten schwimmen an der Wasseroberfläche und fangen dort die entsprechenden Kleinstlebewesen mit ihren Fangblasen im Wasser.

Ein weiteres besonderes Merkmal sind die wunderschönen Blüten des Wasserschlauchs, die sich vor Orchideenblüten „nicht verstecken" müssen. Die Blütenstängel ragen oft fast 10 cm über der Pflanze. Manche Arten blühen fast das ganze Jahr hindurch. Sie sind zwar wesentlich kleiner als Orchideenblüten, dafür überhöht die Anzahl der Blüten die von Orchideen bei Weitem.

Kulturbedingungen:

Da sich die Wasserschläuche fast auf dem gesamten Globus ausgebreitet haben, sind die Kulturbedingungen sehr unterschiedlich. Es existieren viele tropische, aber auch einige winterharte Arten.

Die meisten „*Utricularia*" wachsen an Land; (terrestrisch) doch sind auch einige Arten komplett im Wasser zu Hause, (aquatisch). Einige wenige können an Land und im Wasser leben (halbaquatisch). Dazu gibt es auch noch einige Arten, die als Aufsitzerpflanzen auf anderen Pflanzen wachsen (ephiphytisch).

Die meisten Wasserschläuche sind aber dennoch gerade für Anfänger gut geeignet.

Viele der landlebenden und halbaquatischen Wasserschläuche können bei Tagestemperaturen von 20 – 35 Grad Celsius gehalten werden und benötigen feuchte, nährstoffarme Torfböden oder ein Gemisch aus Torf und gereinigtem Quarzsand im Verhältnis 5:1, um zu wachsen. Eine Verwendung von zusätzlichem Torfmoos ist nicht ratsam, da landlebende „*Utricularia*" keine hohen Ansprüche an die Luftfeuchtigkeit stellen und das Moos die Wasserschläuche schnell überwuchern kann.

Die Pflanzen benötigen viel Licht, vertragen aber direkte Sonneneinstrahlung nicht sehr gut. Kunstlicht kann auch sehr gut verwendet werden. Sie sollten immer einige Zentimeter im Wasser stehen. Aus diesem Grund bietet sich das Anstauverfahren an. Es darf aber nur mit kalkarmem Wasser gegossen werden; auch dabei sollte bestenfalls Regenwasser verwendet werden.

Die aquatischen Wasserschläuche lieben ebenfalls weiches, nährstoffarmes Wasser. Hier existieren ebenfalls winterharte und tropische Arten. Die winterharten Arten ziehen sich im Winter komplett zurück und überwintern in sogenannten „Turionen" bis sie im warmen Frühjahr dann wieder neu austreiben. Die tropischen Arten mögen es dagegen das ganze Jahr über warm bei ca. 20 bis 25 Grad Celsius. Sie benötigen viel Licht und vertragen überhaupt keine frostigen Temperaturen. Der pH-Wert des Wassers sollte leicht säuerlich sein, aber dauerhaft nicht unter 6 liegen.

Grundsätzlich können alle aquatischen Pflanzen auch im Aquarium oder im Gartenteich gehalten werden, wenn die entsprechenden Kulturbedingungen erfüllt sind. Auf Fische sollte dann aber gänzlich verzichtet werden, da die Pflanzen ansonsten oft ein leckerer Happen für die Fische werden. Auch sollte auf Algen geachtet werden, die sich schnell um die Pflanze bilden können und sie dadurch ersticken.

Die ephiphytischen Wasserschläuche, die als Aufsitzerpflanzen wachsen, benötigen einen hellen, luftigen Standort und eine erhöhte Luftfeuchtigkeit von ca. 70 bis 80 %. Als Substrat verwendet man hier frisches Sphagnummoos oder Hochmoortorf gemischt mit luftigem Vermiculit.

Das direkte Übersprühen der Pflanzen sollte aufgrund der erhöhten Schimmelgefahr vermieden werden. Auch eine Düngung der Pflanzen ist nicht ratsam.

Vermehrung:

Egal ob an Land, im Wasser oder als aufsitzende Pflanze lebend, tropisch oder winterhart, der Wasserschlauch lässt sich am einfachsten vegetativ durch Teilung vermehren. Dabei wird die Mutterpflanze mitsamt dem Wurzelballen geteilt und erneut eingepflanzt. Die Arten, welche große Blätter ausbilden, können auch durch Blattstecklinge vermehrt werden.

Die Vermehrung durch Samen ist ebenfalls möglich, aber sehr aufwendig. Nachdem die Blüten bestäubt wurden und sich die Samenkapsel gebildet hat, können die austretenden Samen auf Torf oder ein Torf-Sandgemisch ausgesät werden. Bei den aquatischen Arten entnimmt man die Samen aus der vertrockneten Samenkapsel und legt sie ins Wasser.

Besonderheiten:

Die Bewegung der Fangblasen des Wasserschlauchs gilt als die schnellste bekannte Bewegung im gesamten Pflanzenreich. Die Insekten werden in weniger als einer hundertstel Sekunde eingesaugt.

Utricularia graminifolia ist ein besonderer Wasserschlauch. Eigentlich ist es eine an Land lebende, fleischfressende Pflanze. Doch kann sie genauso gut auch komplett unter Wasser existieren. An *Utricularia graminifolia* erkennt man deutlich, dass alle Pflanzen ursprünglich aus dem Wasser stammen und sich im Laufe der Evolution an das Landleben angepasst haben. Dieser Wasserschlauch jedoch hat seine Ursprünge bewahrt und sich nur bedingt als Sumpfpflanze an das Landleben angepasst. Sie kann mit ihren Fangblasen Land- und Wassertierchen einfangen und damit ihren Nährstoffbedarf sichern. Sie hat sich dadurch einen evolutionären Vorteil gegenüber vielen anderen Pflanzen geschaffen. Sie eignet sich für viele Aquarien als schöner Unterwasserteppich.

In freier Natur können manche aquatischen Arten über 2 Meter lang werden. Im Sommer 2003 wurde eine riesige „*Utricularia vulgaris*“ aus einem Teich gezogen, wobei deutlich erkennbar war, in welchen Fangblasen sich Opfertiere befanden und in welchen nicht; man zählte nach und kam auf über 150.000 erbeutete Kleinstlebewesen.

Bei aquatischen Arten, die im Teich gehalten werden, ist der Fangvorgang manchmal sogar durch ein leises Knallen zu hören.

In älterer Literatur liest man oft noch die Bezeichnung der Gattungen „*Polypompholyx*“ und „*Biovularia*“. Beide Gattungen werden heute zu „*Utricularia*“ gezählt.

„*Utricularia*“ gehört zu den artenreichsten Gattungen der fleischfressenden Pflanzen und ist auf allen Kontinenten (außer der Antarktis) zu Hause. Einige Arten konnten sich sogar den rauen Höhen des Himalajas anpassen.

Genlisea - die Reusenfalle

Allgemeines:

Die Reusenfallen entwickeln, ebenso wie die Wasserschläuche, ihren raffinierten Fangmechanismus unterirdisch. Jedoch bilden sie keine Fangblasen wie *Utricularia*, sondern es entwickeln sich an den Wurzeln winzige Reusenfallen, mit denen sie Kleinstlebewesen aus der Erde fischen kann.

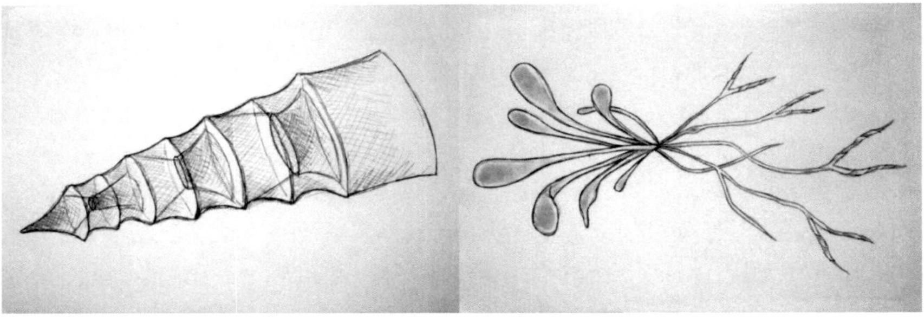

Es sind bisher über 25 Arten bekannt, die alle tropisch und in Afrika, Madagaskar sowie in Mittel- und Südamerika beheimatet sind. Die Gattung wurde erstmalig im Jahr 1833 vom französischen Botaniker Augustin Saint-Hilaire beschrieben und nach der französischen Schriftstellerin Félicité de Genlis benannt.

An der Oberfläche bildet die Pflanze nur unscheinbare, kleine, rosettenartige Blätter aus, die zwischen 3 und 50 mm groß sind. Der Blütenstängel bildet sich, wie bei allen fleischfressenden Pflanzen, weit über die Pflanze hinaus. Die wunderschönen Blüten sind zwischen 3 und 10 mm groß und bilden Farben von violett bis gelblich.

Der unterirdische Teil der Pflanze besteht eigentlich nicht aus Wurzeln, sondern vielmehr aus langen, röhrenartig umgewandelten Blättern, sogenannten „*Rhizophyllen*", die ihre winzigen, korkenzieherartigen Reusen nach unten hin ausbilden. An diesen Wendeln ist die Falle geöffnet und viele kleine, eng stehende, nach innen gebogene Härchen ermöglichen das Eindringen der winzigen Beutetiere wie Wimperntierchen, Wenigborstern, Faden- und Strudelwürmern.

Ein Entfliehen gegen die nach innen gerichteten Härchen ist so gut wie unmöglich. Die Beute wird in den Röhren immer weiter nach unten gedrängt, wo sich schließlich eine Verdickung befindet. Diese Ebene bildet den „Magen" und stellt die hauptsächliche Verdauungszone dar. Leider sind sowohl der Fangmechanismus, wie auch die Beutetiere der Reusenfalle so winzig, dass das menschliche Auge selbst dann nichts erkennen könnte, wenn sich nicht alles unter der Erde abspielen würde.

Kulturbedingungen:

Die Reusenfalle sollte im Sommer bei Temperaturen von 20 bis 25 Grad Celsius und im Winter bei 10 bis 15 Grad Celsius gehalten werden. Einige Arten aus den Höhenlagen vertragen auch kühlere Nächte. Eine erhöhte Luftfeuchtigkeit von ca. 80 % ist sinnvoll. Um Schimmelbildung zu verhindern, ist es notwendig, regelmäßig für einen Luftaustausch zu sorgen.

Es existieren terrestrische und halbaquatische Arten. Eine Kultur in Anstaubewässerung ist daher immer ratsam. Dabei sollte bestenfalls mit Regenwasser gegossen werden, damit die Pflanze auch die winzigen Wassertierchen erhält. Das Regenwasser sollte wöchentlich ausgetauscht werden. *Genlisea* mag es grundsätzlich feucht und darf auch mal kurzfristig überflutet werden. Die Pflanze liebt eine hohe Luftfeuchtigkeit und kann sehr gut zusammen mit *Heliamphora* und *Nepenthes* im Terrarium gehalten werden.

Als Substrat eignet sich ein lockeres Gemisch aus Torf und gereinigtem Quarzsand, wobei der Sandanteil immer über 50 % liegen sollte.

Die Pflanze kann auch gut unter Kunstlicht gehalten werden. Düngen sollte man die Reusenfalle aber nicht.

Vermehrung:

Die einfachste Art der Vermehrung erfolgt durch Teilung, Blatt- oder Fallenstecklingen. Die Blatt- oder Fallenstecklinge werden auf das Substrat gelegt. Bei erhöhter Wärme, Feuchte und Luftfeuchtigkeit bilden sich bald kleine Jungpflanzen, die dann wie die ausgewachsenen Pflanzen gehalten werden können. Eine Vermehrung durch Samen ist ebenfalls möglich, doch sind die Samen sehr winzig, nicht lange lagerfähig und keimen nicht alle gleich gut.

Besonderheiten:

Bei der Reusenfalle handelt es sich eindeutig um eine karnivore und daher fleischfressende Pflanze. Sie ist in der Lage ihre Beute anzulocken, zu fangen, eigenständig zu verdauen und daraus einen Nutzen zu ziehen. Obwohl man bei den winzigen Öffnungen der Falle an den Windungen noch nicht ganz sicher ist, ob es sich um einen aktiven (also beweglichen) oder passiven (unbeweglichen) Fallenmechanismus handelt.

Die kurze Geschichte von der stinkenden Nieswurz und dem Sonnentau

Nachdem zwei Käfer lange gewandert waren, klopften sie bei einer Blume an und fragten: „Kannst du uns deinen Namen sagen?“ Die Pflanze antwortete prompt: „stinkende Nieswurz“ nennt man mich. „Hu, wie schrecklich, da müssen wir rasch verschwinden!“, riefen die Käfer. Sie wollten aber nicht aufgeben. Bald kamen sie zu einer anderen Blume, die glitzerte im Morgenlicht und hatte ihnen freundlich entgegengelächelt.

„Wie heißt du?“, fragten sie. „Sonnentau!“, antwortete die Pflanze „Oh wie schön! Hier werden wir doch noch Unterkunft finden.“ – Aber kaum hatten sie sich auf die Pflanze gesetzt, so schloss sie ihre Blätter, verschlang die beiden mit ihrem giftigen Saft und zehrte sie auf.
… und die Moral von der Geschicht, höre oft auf Namen nicht!

Das Moorbeet – fleischfressende Pflanzen im Freien

Es ist wohl die natürlichste Art, fleischfressende Pflanzen zu halten, wenn man sich ein Moorbeet im Garten anlegt. Die Pflanzen können im Freien sehr viele Insekten fangen und durch ausreichend Platz und Licht ihre maximale Größe entfalten.

Ein Moorbeet im eigenen Garten anzulegen, ist nicht so schwierig, wie man zunächst annehmen mag. Selbstverständlich kommt es dabei natürlich auch auf die Größe des Beetes an.

Um ein kleines Biotop für fleischfressende Pflanzen im eigenen Garten anzulegen, wird zunächst ein ca. 50 cm tiefes und 50 cm breites Loch gegraben. In diese Mulde stellt man dann einen handelsüblichen Plastikeimer oder Baumörteleimer. Damit ist zunächst die Abgrenzung zu ungeeignetem Boden gelungen.

In den eingegrabenen Eimer stellt man dann auf den Boden zunächst 4 bis 5 kleine umgedrehte Blumentöpfe aus Plastik. Die umgedrehten Blumentöpfe dienen als Drainageschicht bzw. als Wasserspeicher des Moorbeetes.

In den Eimer mit den umgedrehten Blumentöpfen schüttet man dann die geeignete Erde, bis der Eimer voll ist. Für das Moorbeet eignet sich reiner, ungedüngter Hochmoortorf bzw. Weißtorf.

Der trockene Torf im Eimer muss dann noch komplett mit Regenwasser gewässert werden. Ist das Beet dann ausreichend feucht, können die ersten fleischfressenden Pflanzen eingesetzt werden. Das kleine Beet sollte, wie eine kleine Sumpflandschaft in der Natur, nie gänzlich austrocknen und immer feucht gehalten werden. Regnet es viel, kann das Moorbeet überflutet werden, das schadet den Pflanzen aber nicht, wobei ein Austrocknen schnell dazu führen kann, dass die Pflanzen verdursten.

Im Freien werden sich die fleischfressenden Pflanzen besonders im Frühjahr und Sommer besonders gut entwickeln.

Will man ein größeres Moorbeet anlegen, so reicht ein kleiner Eimer nicht mehr aus. Jetzt muss richtige Teichfolie her.

Die Vorgehensweise bleibt dabei gleich. Zunächst wird wieder eine Grube in der gewünschten Größe ausgehoben, die mindestens einen halben Meter tief sein sollte.

Nach dem Ausheben wird der Untergrund von spitzen Steinen befreit und mit den Füssen festgetreten. Darauf wird dann eine erste Schicht Teichvlies ausgelegt. Dabei sollte das Vlies verhindern, dass die Teichfolie von Wurzeln beschädigt und damit undicht wird.

Auf das ausgebreitete Vlies legt man dann ein oder zwei Schichten ausgemessene Teichfolie. Hierbei sollte Folie verwendet werden, die mindestens 1 mm dick ist. Die Folie wird leicht auf das Vlies angedrückt.

Auf die ausgelegte Teichfolie stellt man wieder einige umgedrehte Blumentöpfe, um den Wasserspeicher zu erhalten.

Die Grube wird dann mit ausreichend Torf befüllt und mit Regenwasser bewässert. Dabei sollte bedacht werden, dass es einige Tage dauern kann, bis sich der Torf vollgesaugt hat und sich im Beet noch setzen wird.

Ist das Moorbeet ausreichend feucht, kann mit dem Einpflanzen der fleischfressenden Pflanzen begonnen werden. Bei Bedarf kann auch noch Torfmoos auf das Beet gesetzt werden. Das sieht nicht nur dekorativ aus, es hält auch die Feuchtigkeit und wirkt antibakteriell. Weitere Begleitpflanzen werden sich mit der Zeit ganz von selbst ansiedeln. Bei Birken, die mit der Zeit ebenfalls von selbst im Moorbeet wachsen werden, sollte man darauf achten, dass diese nicht zu groß werden, da sie ansonsten die fleischfressenden Pflanzen im Beet schnell überwuchern.

Im Freien kann man sich von der Wirksamkeit der Fallenmechanismen am deutlichsten überzeugen. Die Schläuche von Schlauchpflanzen sind randvoll gefüllt mit großen Fliegen, Wespen, Käfern und allerlei Krabbelgetier. Die Venusfliegenfalle ist dort sogar in der Lage, kleine Frösche zu verspeisen und der, in heimischen Gefilden so harmlos anmutende, Sonnentau kann im Freiland so groß werden, dass er sogar Libellen einfangen kann.

Viele fleischfressende Arten sind winterhart und können das ganze Jahr im Moorbeet im Freien kultiviert werden.

Zu den winterharten Arten die unter anderen, gerne in Kultur gehalten werden, gehören folgende Arten:

Dionaea muscipula

Die wohl beliebteste fleischfressende Pflanze. Die sogenannte Venusfliegenfalle. Viele wissen nicht, dass auch diese Pflanze winterhart ist. Nur weil sie tropisch aussieht, ist sie es noch lange nicht. Sie hält Temperaturen von –10 Grad Celsius im Winter in ihrem Wurzelstock problemlos aus. Im Frühjahr treibt sie dann erneut aus und wächst zusehends. Sie frisst gerne Spinnen und anderes Getier. Die Pflanze kann im Freiland bis zu 20 cm groß werden.

Sarracenia purpurea

Sie zählt zu den robustesten fleischfressenden Pflanzen überhaupt. Sie verträgt im Sommer Temperaturen von über 40 Grad Celsius und im Winter unter –25 Grad Celsius. Auch kürzere Trockenperioden oder Überflutungen machen ihr nichts aus.

Sarracenia flava

Die gelbe Schlauchpflanze gilt als die größte Art ihrer Gattung und kann fast einen Meter hoch werden. Sie verträgt auch kürzere Frostperioden.

Sarracenia leucophylla

Die bunte Schlauchpflanze bildet wunderschöne Farbmuster an ihren Schläuchen, die offenbar dazu dienen, Blüten nachzubilden und fliegende Insekten anzulocken.

Drosera filiformis

Der fadenförmige Sonnentau zieht sich im Winter in den Wurzelstock zurück und treibt erst wieder im Frühjahr neu aus. Die Pflanze kann dann im Freien bis zu 40 cm groß werden. Sie ernährt sich von vielen Fluginsekten, die sich durch die schimmernden Tentakelspitzen anlocken lassen.

Drosera anglica

Eine Sonnentauart, die früher auch in Deutschland beheimatet war. Sie bildet längliche Blätter und zieht sich im Winter ebenfalls in den Wurzelstock zurück. Sobald es wärmer und heller wird, treibt sie wieder neu aus.

Drosera rotundifolia

Der rundblättrige Sonnentau ist noch auf der gesamten Nordhalbkugel und auch vereinzelt in Deutschlands Moorgebieten verbreitet. Die kleinen rundlichen Blätter sind in der Lage, kleine bis mittelgroße Fliegen und Ameisen festzuhalten, zu umklammern und zu verdauen. Auch diese Pflanze harrt bei frostigen Wintern im Wurzelstock aus. *Drosera rotundifolia* wurde zur Blume des Jahres 1992 gewählt und wird heute noch in der homöopathischen Medizin als bewährtes Mittel gegen Husten eingesetzt.

Drosera binata

Der gegabelte Sonnentau. Er wird so genannt, weil sich die Triebe der Blätter mit der Zeit gabeln, so dass ein einziger Trieb aus sehr vielen Tentakelblättern bestehen kann. Diese Pflanze ist nur bedingt winterhart und sollte dauerhaft keinen Temperaturen unter –5 Grad Celsius ausgesetzt werden.

Pinguicula vulgaris

Das gemeine Fettkraut ist eine winterharte fleischfressende Pflanze, die sich auf kleine Fliegen spezialisiert hat. Sie kommt in allen Ländern Europas sowie in Russland, Grönland, USA und Kanada vor. Im Winter bildet sich die Pflanze in ein Hibernakel zurück und treibt erst wieder im Frühjahr aus. Die Pinguicula-Pflanzen mögen es mäßig feucht und sauer. Sie vertragen aber auch Kalk – also gewöhnliches Leitungswasser. Ebenso überstehen sie auch leichtere Trockenphasen und starken Frost im Winter.

Darlingtonia californica

Die schlangenförmige Kobralilie kann ebenfalls im Moorbeet gehalten werden. Bei ihr sollte aber darauf geachtet werden, dass sie etwas schattiger steht und das empfindliche Wurzelwerk im Sommer nicht zu viel Hitze abbekommt.

Utricularia vulgaris

Es handelt sich hierbei um eine aquatische Art. Also eine im Wasser lebende Art, die im Teich gehalten werden kann. Der gemeine Wasserschlauch kommt heute noch in Europa, Nordafrika und weiten Teilen Asiens vor. Die winzigen Fangblasen der Pflanzen können kleine Stechmücken-Larven blitzschnell einsaugen, gefangen halten und dann verdauen. Der Spross der Pflanze kann bis zu einem Meter lang werden. Auch diese aquatische Pflanze stellt im Winter das Wachstum ein und überwintert dann in einer Art zurückgezogenem Samen, der auf den Boden sinkt und in Fachkreisen Turionen genannt wird. Erst im Frühjahr, wenn die Temperatur steigt, kommt die Pflanze zu erneutem Wachstum hervor.

Aldrovanda vesiculosa

Die aquatische Wasserfalle kann ebenfalls ganzjährig im Teich im Freien gehalten werden. Auch sie zieht sich im Winter in Turionen zurück und sinkt zu Boden. Im Frühjahr taucht sie wieder auf und beginnt mit der Jagd nach kleinen Wasserflöhen.

Bei den aquatischen fleischfressenden Arten im Teich ist zu beachten, dass sich keine Fische darin befinden. Es ist nicht so, dass die Fische etwas zu befürchten hätten, dafür sind die Fallen der fleischfressenden Wasserpflanzen zu winzig, doch haben viele Fische die Pflanzen zum Fressen gerne und vertilgen diese sehr schnell.

Torf und Torfersatzstoffe

Die natürlichen Moorgebiete, deren Grundlage der zersetzte Torf darstellt, werden weltweit durch industriellen Abbau in immer dramatischerem Ausmaß trockengelegt. Die dringend benötigten Rückzugsgebiete für viele gefährdeten Arten der Flora und Fauna werden dadurch nachhaltig zerstört und das weltweite Artensterben gefördert. Außerdem wird durch den zunehmenden Abbau von Torf ein wichtiger Beitrag zur Bindung von CO2 in der Atmosphäre minimiert.

Um diesen Vorgang nicht noch zusätzlich zu beschleunigen und die natürlichen Ressourcen bestmöglich zu schonen, wird viel über Torfersatzstoffe nachgedacht, in denen fleischfressende Pflanzen ebenso gut wachsen können.

Bei den meisten fleischfressenden Pflanzen ist es vor allem wichtig, dass sich nur sehr wenige Nährstoffe im Kultursubstrat befinden und das Substrat möglichst langfristig Wasser speichern kann. Dadurch scheiden leider schon fast alle gewöhnlichen Blumenerden aus, da diese Erden meist zusätzliche Nährstoffe und für fleischfressende Pflanzen ungeeignete nährstoffreiche Humusbeimischungen beinhalten.

Für viele Karnivoren gibt es aber dennoch ressourcenschonende und umweltfreundliche Alternativen.

So kann beispielsweise versucht werden, vollständig auf gereinigtem Quarzsand zu kultivieren, vor allem Pflanzen, die keine zu großen Wurzeln ausbilden, können sich in reinem Sand gut entwickeln. So können viele Fettkräuter und einige Sonnentauarten sehr gut auf reinem Sand gedeihen.

Für fleischfressende Pflanzen mit größeren Wurzeln, wie die Schlauch- und Kannenpflanzen bietet sich sorgfältig gereinigter Blähton oder Kies als reines Kultursubstrat an. Die Pflanzen werden dann wie in Hydrokultur gehalten.

Ebenfalls kann versucht werden, die Samen von fleischfressenden Pflanzen in reiner Watte keimen zu lassen und später, wenn die Keimlinge ausreichend Wurzeln gebildet haben, in Kokosfaser weiter zu kultivieren.

Torf kann auch eingespart werden, indem Zusatzstoffe wie, Perlite, Vermiculite, gereinigter Quarzsand oder Kies dem Kultursubstrat beigemischt werden.

Es kann auch Torfmoos als Ersatz für Torferde verwendet werden. Das Moos muss in der Natur nicht lange vertorfen und kann in zerkleinerter und getrockneter Form als Pflanzsubstrat verwendet werden. Es hat vergleichbare Eigenschaften wie vollständig „gereifter" Weißtorf.

Das Züchten von fleischfressenden Pflanzen ohne Torf ist ein wirksamer und notwendiger Schritt zum Erhalt der Moore. Der über Jahrtausende in Mooren gewachsene Torf ist für das Ökosystem und den Klimaschutz zu wertvoll, um ihn für heimische Pflanzungen zu verwenden. Auch wenn es bei der Kultur um den Erhalt von seltenen fleischfressenden Pflanzen geht, sollten wir nicht anderenorts wertvollste Ökosysteme vernichten. Jeder Sack Torf, der nicht verwendet wird, ist ein wirksamer Beitrag zum Erhalt der Moore und für den Natur- und Klimaschutz.

Schädlinge und Krankheiten

Fleischfressende Pflanzen können tatsächlich auch von Schädlingen heimgesucht werden. Das klingt zwar zunächst verwunderlich, da fleischfressende Pflanzen sich ja offensichtlich dahingehend entwickelt haben, selbst Insekten und anderes Getier zu fangen und zu verspeisen. Doch gibt es genügend Schädlinge, die so winzig sind, dass sie von den Fallen der fleischfressenden Pflanzen nicht erfasst werden können. Die Schädlinge nisten sich in den Pflanzen ein und können sich dort meistens ungestört vermehren.

So darf es auch nicht überraschen, dass die gemeine Blattlaus der größte Feind der fleischfressenden Pflanzen ist und sogar Sonnentauarten befallen kann. Die kleinen Blattläuse können sich zwischen den Tentakeln bewegen und vermehren, ohne gefangen zu werden. Auch Schild- und Wollläuse lassen sich gerne an den frischen Trieben von vielen fleischfressenden Pflanzen nieder und können diesen schwer schaden.

Bei Woll- und Blattläusen helfen handelsübliche Spritzmittel mit entsprechenden, ungefährlichen, mineralölhaltigen Bestandteilen. Diese sorgen dafür, dass die Atemorgane der Läuse verkleben und dadurch eingehen. Bei Spritzmitteln ist aber darauf zu achten, dass diese keinerlei Düngemittel enthalten, da die meisten fleischfressenden Pflanzen zusätzliche Nährstoffe nicht gut vertragen.

Die hartnäckigen Schildläuse befallen vor allem gerne Schlauch- und Kannenpflanzen. Ein Befall von Schildläusen ist durch rundliche braune Flecken an den Pflanzen zu erkennen. Die Schildläuse lassen sich von den Pflanzen abwischen oder abkratzen. Der Fachhandel hat gegen diese hartnäckigen Plagegeister entsprechend ungefährliche Spritzmittel ohne Düngerzusatz im Angebot.

Weiterhin seien auch noch Thripse, Spinnmilben, Wurzelläuse, Trauerfliegen, Raupen, Schnecken und andere Schädlinge erwähnt.
Gegen viele dieser Schädlinge können auch die entsprechenden Nützlinge verwendet werden. Diese dürfen nicht zu groß sein, da sie sonst schnell Opfer des Hungers der fleischfressenden Pflanzen werden. So können beispielsweise gegen Blattläuse keine Marienkäfer eingesetzt werden, da diese Nützlinge von den meisten fleischfressenden Pflanzen schnell aufgefressen werden.

Gegen Blattläuse und Thripse an den fleischfressenden Pflanzen helfen kleine Florfliegenlarven.

Gegen Wurzelläuse und Spinnmilben können spezialisierte Raubmilben eingesetzt werden.

Nematoden helfen gegen Wurzelläuse.

Gelbsticker können gegen lästige Trauerfliegen eingesetzt werden. Die Obstfliegen und Trauermücken werden von den meisten Sonnentauarten zwar eingefangen, doch können die Schädlinge bei starkem Befall die Wurzeln der Pflanzen dennoch schädigen.

Raupen und Schnecken treten meist im freien Moorbeet auf. Diese großen Schädlinge sind schnell zu erkennen und können per Hand entfernt werden, dafür können sie aber in kurzer Zeit verheerende Schäden an den Pflanzen anrichten. Schlupfwespen helfen gegen Raupenbefall und der Tigerschnegel kann gefräßige Nacktschnecken bekämpfen.

Eine typische Krankheit, die bei fleischfressenden Pflanzen bei unzureichenden Kulturbedingungen häufig auftritt, ist der Grauschimmel (*Botrytis*).

Dieser wird am besten durch weniger Gießen, mehr Licht, bessere Belüftung sowie handelsübliche Spritzmittel bekämpft. Befallene Pflanzenteile müssen großzügig entfernt werden. Oft sind die Wurzeln oder der Wurzelstock noch nicht befallen und die Pflanzen können erneut austreiben. Vorbeugend gegen Pilzbefall lässt man am besten Torfmoos (*Sphagnum*) an den fleischfressenden Pflanzen wachsen. Dieser wirkt fungizid und sorgt dazu noch für eine erhöhte Luftfeuchtigkeit, die von vielen fleischfressenden Pflanzen benötigt wird.

Bei fleischfressenden Wasserpflanzen sind oft Blau- oder Fadenalgen das Problem. Die Fadenalgen verhindern bei der Wasserfalle, dass sich die Fallen wieder richtig öffnen können. Dadurch kann die Pflanze bei starkem Algenbefall verhungern.

Die Algen fischt man am besten per Hand ab und kontrolliert regelmäßig die Wasserqualität. Gegen Algenbefall können auch bestimmte Wasserschnecken wie z. B. die Posthornschnecke helfen. Auch bestimmte Fisch-, Garnelen- und Muschelarten haben sich auf Algen spezialisiert.

Von der chemischen Keule ist bei Algen meist abzuraten, da sie oft auch das Wachstum der fleischfressenden Wasserpflanzen negativ beeinflussen. Algen benötigen zum Wachsen Licht. Das Abdecken des Aquariums, für ein paar Tage, kann für kurzzeitige Abhilfe sorgen.

Auch kann sich bei ausreichendem Licht und zu vielen Nährstoffen im Wasser die sog. Kahmhaut bilden. Diese sieht wie ein fettiger Belag auf der Wasseroberfläche aus und besteht aus Bioorganismen. Das Problem ist, dass der Film schnell die gesamte Oberfläche im Teich oder im Aquarium überzieht und somit ein optimaler Gasaustausch nicht mehr gewährleistet ist. Dies kann den Pflanzen schaden. Die Kahmhaut lässt sich dann nur schwierig von der Oberfläche abschöpfen. Idealerweise verwendet man zum Aufsaugen einen Schwamm.

Die meistgestellten Fragen über fleischfressende Pflanzen

Sind fleischfressende Pflanzen gefährlich?

Es wird viel über fleischfressende Pflanzen erzählt. Auch schaurige Geschichten von menschenfressenden Pflanzen kursieren hier und dort. Doch in Wirklichkeit sind fleischfressende Pflanzen weder für Haustiere noch für Menschen gefährlich oder giftig. Die fleischfressenden Pflanzen sind zwar in der Lage, viele Insekten und auch kleinere Säugetiere festzuhalten, zu zersetzen und für das eigene Wachstum zu nutzen, doch sind sie weder giftig, noch kann die Säure, die für den Verdauungsprozess zuständig ist, dem Menschen oder einem Haustier Schaden zufügen. Um eine leichte Verätzung am Finger hervorzurufen, müsste man den Finger schon wochenlang an einen großen Sonnentau halten oder in eine *Nepenthes*-Kanne stecken. Eine Verletzung oder Vergiftung durch fleischfressende Pflanzen ist also für Mensch und Haustier nicht möglich.

Wie groß können fleischfressende Pflanzen werden?

Fleischfressende Pflanzen gibt es in den unterschiedlichsten Größen. Die Saugfallen der „*Utricularia*“ Pflanzen sind kaum einen Millimeter groß. Die kleinen Zwergsonnentauarten werden nur wenige Zentimeter groß. Andere Sonnentauarten können über einen Meter hoch werden. Ähnlich ist es auch bei den Schlauchpflanzen. „*Sarracenia flava*“ beispielsweise erreicht eine Höhe von fast einem Meter. Die Kannenpflanze gehört zu den größten Gattungen der fleischfressenden Pflanzen. Diese Gattung kann im Regenwald sogar Baumgröße erreichen. Allein die Kannen einiger „*Nepenthes*“ Arten im Dschungel werden teilweise bis zu einem halben Meter groß.

Wie schnell wachsen fleischfressende Pflanzen?

Das Wachstum der fleischfressenden Pflanzen ist von Gattung und Art abhängig. Die winterharten Drosera-Arten, die Venusfliegenfalle und viele Sarracenia-Pflanzen wachsen nur im Sommer unter hellen und warmen Bedingungen. Wichtig für die Größe der Pflanze ist das Wachstum des Wurzelstocks. In diesem überwintert die Pflanze, wenn es kalt und dunkel wird. Die tropischen „*Nepenthes*" wachsen gemächlich dahin und werden nur langsam größer. Die Keimzeit der Pflanzen ist ebenfalls unterschiedlich. Die Drosera-Arten keimen recht schnell, nach ca. 3 bis 4 Wochen, die Venusfliegenfalle benötigt etwas länger und die *Sarracenia*-Arten können selbst nach einem Jahr noch anfangen zu keimen. Voraussetzung für das Keimen und ein schnelles Wachstum sind die richtigen Kulturbedingungen. Die meisten fleischfressenden Pflanzen sind erst nach einigen Jahren ausgewachsen.

Wann muss ich die fleischfressenden Pflanzen umtopfen?

Die fleischfressenden Pflanzen sollten, wie jede andere Pflanze auch, dann umgetopft werden, wenn am Loch des Topfes die Wurzeln zu sehen sind, oder diese sogar aus dem Topf herauswachsen. Die beste Zeit dafür ist das Frühjahr. Verwendet werden sollten grundsätzlich aber nur Kunststofftöpfe, da Tontöpfe mit der Zeit ungewünschte Nährstoffe in das Substrat abgeben.

Wie sähe ich die Samen der Fleischfresser aus?

Die Samen der fleischfressenden Pflanzen sind fast allesamt Lichtkeimer. Das bedeutet, die Samen dürfen nicht in das Substrat eingebuddelt werden, sondern werden einfach auf das Kultursubstrat gelegt. Weitere wichtige Faktoren sind ausreichende Beleuchtung, eine hohe Luftfeuchtigkeit (einfach mit einer Abdeckung zu erreichen), genügend kalkfreies Wasser und das richtige Substrat sowie eine durchschnittliche Temperatur von ca.
20 Grad Celsius.

Wie lange kann man die Samen von fleischfressenden Pflanzen aufbewahren?

Die meisten Samen von fleischfressenden Pflanzen können, wenn sie im Kühlschrank gelagert werden, mindestens ein Jahr aufbewahrt werden, bevor die Keimfähigkeit nachlässt.

Wie schnell keimen die Samen der fleischfressenden Pflanzen?

Das ist von der Gattung, der Qualität der Samen und den Kulturbedingungen abhängig. Am schnellsten keimen die Brutschuppen des Zwergsonnentaus in ein paar Tagen, die Samen der Sonnentauarten benötigen ca. 3-4 Wochen, bei der Venusfliegenfalle kann es bis zu zwei Monate dauern und aus den Samen der Schlauchpflanze können auch erst nach einem Jahr die ersten kleinen Pflänzchen sprießen. Man sollte die Samen aber immer mit kalkfreiem Wasser gießen, möglichst feucht halten und an einen warmen und hellen Ort stellen. Das beschleunigt den Keimprozess.

Was sind Brutschuppen?

Brutschuppen sind eine Besonderheit der Zwergsonnentauarten. Nur diese eine Gattung bildet Brutschuppen aus. Es sind kleine Schuppen an den Pflanzen, ähnlich wie Samen, die auch genauso ausgesät werden. Die Schuppen keimen wesentlich schneller und effektiver wie Samen. Es handelt es sich bei Brutschuppen um eine Mischung aus Samen und Jungpflanzen.

Kann ich meine fleischfressenden Pflanzen auch ins Freie setzen?

Grundsätzlich ist das kein Problem. Das direkte Sonnenlicht gefällt den meisten fleischfressenden Pflanzen sehr gut. Es sollte aber für genügend Feuchtigkeit im Substrat gesorgt werden. Ebenso ist es besonders wichtig, die richtige Erde (Hochmoortorf) zu verwenden. Optimal ist ein kleines Moorbeet im Garten, in denen sich die Pflanzen voll und ganz ausbreiten können. Es gibt viele fleischfressende Arten, die auch den Winter im Moorbeet überleben können. Zu den Bekanntesten gehören die winterharten Arten: „*Sarracenia flava*"," *Sarracenia leucophylla*", „*Sarracenia purpurea*", „*Dionaea muscipula*", „*Drosera anglica*", „*Drosera filiformis*", „*Drosera rotundifolia*", „*Utricularia vulgaris*". Diese Arten können im Winter durchaus auch leichten Frost ertragen, Sie ziehen sich dann in den unterirdischen Wurzelstock (Rhizom) zurück und sprießen im Frühjahr wieder wunderschön aus.

Meine fleischfressende Pflanze sieht im Herbst sehr unansehnlich aus.
Geht sie ein? Was soll ich tun?

Es ist ganz natürlich, dass sich die Venusfliegenfallen, viele *Sarracenia*- und einige winterharten Drosera-Pflanzen im Herbst zur natürlichen Winterruhe in den Wurzelstock zurückziehen, bräunlich werden und damit unansehnlich aussehen. Kühle Temperaturen (um -5 bis +10 Grad Celsius), mäßige Feuchtigkeit und viel Licht sind dann angebracht. Die Pflanzen schlagen im Frühjahr wieder zu neuer Schönheit aus. Es ist sogar möglich, die Pflanzen im Kühlschrank zu überwintern. Ein wenig befeuchtetes Sphagnum-Moos zusammen mit der Pflanze in einem Tiefkühlbeutel den Winter über in den Kühlschrank legen. Sobald es wärmer wird, einfach wieder einpflanzen. Es sollte allerdings beachtet werden, dass zu lange Frostzeiten im Freien verhindert werden sollten, weil die Pflanzen sonst durch das gefrorene Wasser, zwar nicht erfrieren, aber schlicht verdursten. Das Durchkultivieren von winterharten fleischfressenden Pflanzen im Winter ist nicht empfehlenswert, da die Pflanzen die natürliche Winterruhe benötigen, um im Frühjahr mit ganzer Kraft wieder auszutreiben.

Meine Kannenpflanze bildet keine Kannen aus? Woran kann das liegen?

Kannenpflanzen benötigen für das Ausbilden der Kannen eine erhöhte Luftfeuchtigkeit. Diese sollte zwischen 70 und 90 Prozent liegen. Die meisten Hochlandarten benötigen zusätzlich auch noch eine Temperaturabsenkung auf bis zu 10-15 Grad in der Nacht. Zudem ist ein Klettergerüst für die Kannen sehr sinnvoll. Die „*Nepenthes*"-Pflanzen fühlen sich wohl, wenn sie es warm haben und regelmäßig mit kalkfreiem Wasser übersprüht werden. Tagsüber sind 20 - 30 Grad Celsius optimal. Ab und zu kann man die Pflanzen auch mit einer Folie abdecken, das hält die Luftfeuchtigkeit und treibt das Kannenwachstum an.

Ich habe einen Sonnentau gekauft, den ich bereits umgetopft habe. Die „Tentakel" vertrocknen aber immer. Was habe ich falsch gemacht?

Fleischfressende Pflanzen sollten grundsätzlich nur in spezielles Torfsubstrat getopft werden. Gewöhnliche Blumenerde ist dafür gänzlich ungeeignet. Besonders wichtig ist dabei, dass die Erde ungedüngt und möglichst wenig Nährstoffe beinhaltet. Die Sonnentauarten bilden Klebetropfen hauptsächlich bei hoher Luftfeuchtigkeit und Wärme aus. Möglichst im Sommer nach draußen stellen. Eine erhöhte Luftfeuchtigkeit erreicht man mit einer licht durchlässigen Abdeckung. (Zimmergewächshaus, durchsichtige Plastiktüte). Eine regelmäßige Belüftung sollte aber trotzdem gewährleistet sein, da es ansonsten zu vermehrter Schimmelbildung kommen kann und die Pflanze dann sehr schnell abstirbt.

Ich halte seit gut einem Jahr einige Venusfliegenfallen. Ich habe sie erfolgreich überwintern lassen (im Kühlschrank) und halte sie nun weiter auf der Fensterbank. Ich habe extra neuen, ungedüngten Torf gekauft und sie umgetopft. Die Pflanzen gieße ich stets mit Regenwasser. Auffällig war, dass einige der Pflanzen verkümmert nachgewachsen sind. Einige Wochen später habe ich festgestellt, dass der ganze Boden voller kleiner, grauer, wurmartiger Tierchen ist, die man mit dem Auge

kaum wahrnehmen kann. Die Pflanzen selber sind nicht befallen. Nur der Boden ist voll von den Parasiten. Was kann das sein und was kann man dagegen tun?

Es handelt sich dabei um eine Art Erdmilbe oder Erdläuse, die ärgerlicherweise die Wurzeln der Pflanzen anfressen. Es sollte unbedingt das Substrat gewechselt werden. Verwendet wird am besten Hochmoortorf oder spezielles Substrat für fleischfressende Pflanzen. Du kannst auch versuchen, mit einem Spritzmittel zu sprühen. Die meisten fleischfressenden Pflanzen vertragen die Spritzmittel gegen Läuse, Milben und Pilze sehr gut. Es sollte aber unbedingt darauf geachtet werden, dass keine Düngemittel in den Spritzmitteln zugesetzt sind. Ein permanentes Spülen der Töpfe mit kalkfreiem Wasser kann ebenso helfen, die Bodenqualität zu verbessern und eventuelle unterirdische Schädlinge loszuwerden.

Ich habe mir ein Terrarium zugelegt und möchte dies nun mit Pflanzen bestücken, welche Arten kann man hineinsetzen?

Ein Terrarium ist grundsätzlich eine gute Entscheidung für den Aufenthalt der meisten fleischfressenden Pflanzen. Durch die erhöhte Luftfeuchtigkeit und regulierbaren Licht- und Wärmebedingungen wachsen die Pflanzen darin für gewöhnlich sehr gut. Die empfohlenen fleischfressenden Pflanzen für das Terrarium sind hauptsächlich die subtropischen und tropischen Arten wie zum Beispiel: „*Drosera capensis*“, „*Drosera aliciae*“, „*Drosera binata*“, „*Sarracenia psittacina*“ aber auch „*Pinguicula*“ und „*Utricularia*“. Bei ausreichender Luftfeuchtigkeit und Wärme sind auch die „*Nepenthes*“-Arten geeignet.

Welche Art von Erde muss ich verwenden? Ich habe gehört, dass man den Boden zuerst mit Tongranulat bedecken soll und dann die Töpfe mit den Pflanzen hineinstellen; oder muss ich die Pflanzen aus den Töpfen nehmen und in Karnivorenerde pflanzen?

Als Substrat eignen sich spezielles Substrat für fleischfressende Pflanzen oder ungedüngter Weißtorf gemischt mit gereinigtem Quarzsand, Perlite und Vermiculite.

Gewöhnliche Blumenerde ist keinesfalls geeignet. Tongranulat ist nicht zu empfehlen. Ich rate mehr zu gereinigtem Kies oder noch besser: Kleine Plastikuntersetzer, die als Drainage umgekehrt auf den Boden des Terrariums gestellt werden. Danach wird mit dem Substrat aufgefüllt. Die Pflanzen werden aus dem alten Topf genommen und dann in das neue Substrat gepflanzt sowie leicht angedrückt. Selbstverständlich müssen die Pflanzen anschließend mit kalkfreiem Wasser angegossen werden.

Wie kann ich die Luftfeuchtigkeit für meine Kannenpflanze im Terrarium erhöhen? Wie hoch sollte die Luftfeuchtigkeit maximal sein?

Grundsätzlich wachsen Kannenpflanzen in den Tropen. Aus diesem Grund vertragen Sie überhaupt keine Kälte. Sie mögen es aber, wenn Sie täglich mit kalkfreiem Wasser übersprüht werden. Dennoch sollten die *Nepenthes*-Pflanzen nicht im Anstauverfahren gehalten werden; die Wurzeln sollten nie nass stehen. Auch ein Ultraschallzerstäuber oder ein anderer Luftbefeuchter kann die Luftfeuchtigkeit erhöhen. Die Luftfeuchtigkeit sollte zwischen 75 und 90 % liegen. Höher sollte man nicht gehen, da ansonsten die Schimmelgefahr ansteigt.

Wann soll ich mein Fettkraut umtopfen?

Die Pinguicula-Pflanzen sollte man, wenn möglich, überhaupt nicht umtopfen. Sie entwickeln ein nur sehr schwaches Wurzelwerk. Es sollte erst umgetopft werden, wenn die Wurzeln aus dem Topf wachsen. Die beste Zeit für das Umtopfen für alle Pflanzen ist immer das Frühjahr.

Meine Pflanze steht sehr dunkel, welche Zusatzbeleuchtung kann für die fleischfressenden Pflanzen verwenden?

Es gibt eine Vielzahl an Fachliteratur über Kunstlicht bei Pflanzen. Die Meinungen gehen dabei sehr stark auseinander. Einerseits muss man die Kosten für die Anschaffung der Lampe und andererseits die Stromkosten im Auge behalten. Für die Beleuchtung empfehlen sich herkömmliche LED-Lampen mit einer Leuchtfarbe von über 5300 Kelvin (Tageslicht) oder kaltweiße Leuchtstoffröhren. (keine Neonröhren, diese werden für Werbebeleuchtungen verwendet). Spezielle Pflanzenlampen oder Natriumdampflampen sind wohl nur für professionelle Züchter sinnvoll.

Meine *Nepenthes*-Kannen werden braun und welk, woran kann das liegen? Wie kann ich das verhindern? Wenn die Kannen abfallen, wachsen dann trotzdem andere Kannen nach?

Es kann passieren, dass die Kannen der *Nepenthes*-Pflanze unter schlechten Bedingungen sehr schnell braun werden. Keine Kanne kann immer schön bleiben. Früher oder später welken die Kannen. Man kann diesen Vorgang aber verlängern, wenn die Kannenpflanze warm, feucht und nicht zu hell steht und bei hoher Luftfeuchtigkeit gehalten wird. Bei den Hochlandarten ist auch eine deutliche Absenkung der Temperatur in der Nacht sinnvoll. Wenn die Pflanze unter den richtigen Bedingungen gehalten wird, bilden sich auch ständig neue, kleine Kannen an anderen Blättern aus, die dann heranwachsen. Wenn aber an einem Blatt die Kanne abgestorben ist, wird an diesem Blatt keine neue Kanne wachsen. Das Blatt dient dann nur noch der Photosynthese, um neue Blätter mit Kannen heranreifen zu lassen.

Wie lange dauert es, bis sich die Fallen der Venusfliegenfalle wieder öffnen, nachdem Sie ein Insekt gefangen haben? Wie oft können die Fallen der Venusfliegenfalle zuschnappen?

Normalerweise dauert ein kompletter Verdauungsvorgang bis zu einer Woche. Wenn die Falle aber nur stimuliert wird oder ein totes Insekt gefüttert bekommt, öffnet sich die Falle nach wenigen Tagen wieder und steht erneut zum Fang bereit. Die Fallen der Venusfliegenfalle sollten nicht künstlich gereizt werden. Das Füttern mit toten Insekten ist keinesfalls zu empfehlen. Sie fängt sich ihre Insekten für gewöhnlich selbst. Die einzelnen Fallen können sich bis zu 7-mal schließen und maximal 3 Verdauungsvorgänge erledigen, bevor das Blatt endgültig abstirbt. Es wachsen aber immer wieder neue Fallen nach. Die Pflanze erkennt auch, wenn es sich bei dem Opfertier um ein totes Insekt handelt. Der Verdauungsvorgang (das komplett luftdichte Schließen der Fallen und dadurch Umfunktionierung zum Magen) erfolgt nur, wenn das Insekt, kurz nachdem es gefangen wurde, noch lebt, ansonsten öffnet sich die Falle nach kurzer Zeit wieder ohne das Insekt verdaut zu haben.

Wie groß müssen die Sämlinge bzw. Jungpflanzen der fleischfressenden Pflanzen sein, damit ich sie ins Freie setzen kann?

Die kleinen Sämlinge vertragen anfangs tatsächlich die pralle Sonne oder die kalten Wintermonate nur sehr schlecht. Es empfiehlt sich, die Pflanzen langsam an die geänderte Situation im Freien zu gewöhnen, sodass die Pflanzen mit der Zeit abhärten. Die Sämlinge sollten mindestens das erste Jahr im Warmen verbleiben und danach langsam an die kälteren Temperaturen gewöhnt werden.

Meine fleischfressende Venusfliegenfalle bildet seit einigen Tagen einen langen Stängel mit einer Knospe dran, die aber leider nicht aufgeht. Was ist das und wie lange dauert es noch, bis es sich öffnet?

Der Blütenstängel der Venusfliegenfalle kann bis zu 30 cm in die Höhe wachsen. Das hat in der Natur den Sinn, dass die Bestäuberinsekten nicht von den Fallen gefressen werden und die Blüten auch bestäuben können. Es kann bis zu 4 Wochen dauern, bis sich die Knospen öffnen. Heraus kommt dann eine schöne weißliche Blüte ähnlich denen von Apfelblüten. Die Blütezeit reicht von August bis Oktober. Pflanzen, die zu einem völlig anderen Zeitpunkt blühen, leiden womöglich unter Lichtmangel. Es kostet die Pflanze sehr viel Kraft, den langen Blütenstängel und die Blüte zu bilden. Falls man keine Samen ziehen möchte, kann der Stängel auch direkt am Ansatz abgeschnitten werden. Oft erhält man so stärkere und größere Fallen.

Ich habe gelesen, dass man Samen der fleischfressenden Kannenpflanze „*Nepenthes*" in lebendem Sphagnum-Moos aufziehen soll, ist das korrekt oder funktioniert das auch mit normalem Substrat?

Es ist in der Tat nicht ganz einfach, Kannenpflanzen aus Samen zu ziehen. Die Meinungen gehen dabei weit auseinander. Die einen benutzen lebendes Sphagnum-Moos, die anderen haben gute Erfahrungen mit reinem Torf oder Torfgemischen gemacht. Wieder andere benutzen Watte oder Taschentücher für die Keimung und setzen die Sämlinge dann in das Kultursubstrat. Für gewöhnlich ist aber die Einhaltung der richtigen Anzuchtbedingungen, wie Qualität der Samen, Wärme, Luftfeuchtigkeit und Helligkeit noch wichtiger als das richtige Kultursubstrat.

Meine Kannenpflanze bildet zwei neue Triebe an der Wurzel aus. Diese würde ich nun gerne einzeln heraustrennen und vereinzeln. Wie macht man das am besten?

Die Triebe können am besten von der Pflanze getrennt werden, indem man ein sterilisiertes Messer verwendet. Man kann die Pflanzen danach entweder in Wasser Wurzeln ziehen lassen oder diese direkt in entsprechendes Substrat für fleischfressende *Nepenthes*-Pflanzen setzen. Die Setzlinge sollten recht feucht, aber nicht in Staunässe bei hoher Luftfeuchtigkeit gehalten werden.

Wie oft muss man füttern, falls man seine Venusfliegenfalle in der Wohnung hält?

Jede fleischfressende Pflanze fängt sich die Insekten auf natürliche Weise. Wenn es keine Insekten im Winter gibt, ziehen sich die Pflanzen komplett zurück.

Das Füttern der Pflanzen führt häufig unweigerlich zum Absterben der entsprechenden Fallmechanismen.

Darf man die Venusfliegenfalle auf dem Balkon in die direkte Sonne stellen?

Die Venusfliegenfalle liebt Sonnenlicht. Je mehr Sonnenlicht sie abbekommt umso rötlicher können sich die Fallen ausbilden. Die Pflanze darf dabei aber nie austrocknen und sollte stets feucht gehalten werden.

Ich habe meinen Gartenteich in ein Moorbeet umgestaltet. Nun würde ich gerne einige fleischfressende Pflanzen anpflanzen. Welche winterharten Arten für Anfänger kann man empfehlen?

Hierzu wird ein kleines Loch ausgehoben und ein Eimer oder ein ähnliches Gefäß mit ungedüngtem Hochmoortorf gefüllt und eingegraben. Das Torfsubstrat sollte immer feucht gehalten werden. Die Pflanzen fühlen sich im Moorbeet besonders wohl; dort haben sie ausreichend Licht und Platz, um sich auszubreiten. Zusätzlich herrscht im Freien ein reichhaltiges Nahrungsangebot. Es ist immer wieder erstaunlich, wie viele Insekten die fleischfressenden Pflanzen in den Sommermonaten fangen und vertilgen können.

Viele winterharte fleischfressende Arten können das ganze Jahr über im Freien im Moorbeet verbleiben. Folgende fleischfressende Pflanzen sind vor allem für Anfänger geeignet:

„Dionaea muscipula“, „Drosera anglica“, „Drosera filiformis“, „Drosera intermedia“, „Drosera rotundifolia“, „Pinguicula alpine“, „Pinguicula antarctica.“, „Pinguicula grandiflora“, „Pinguicula villosa“, „Pinguicula vulgaris“, „Sarracenia flava“, „Sarracenia leucophylla“, „Sarracenia purpurea“, „Utricularia australis“, „Utricularia intermedia“, „Utricularia minor“, „Utricularia ochroleuca“, „Utricularia stygia“, „Utricularia vulgaris“.

Können fleischfressende Pflanzen auch Schnecken verzehren oder werden sie selbst von Schnecken gefressen?

Fleischfressende Pflanzen sind auf Insekten aller Art spezialisiert und können diese sehr effektiv fangen, festhalten und verdauen. Gegen Schnecken können Sie aber nichts ausrichten. Den Schnecken passt zwar das saure Substrat der Pflanzen nicht, aber dennoch können Sie fast alle Gattungen von fleischfressenden Pflanzen befallen. Das gilt übrigens auch für die aquatischen Arten. Wasserschnecken und die meisten Fische haben den Wasserschlauch (*Utricularia*) und die Wasserfalle (*Aldrovanda*) „zum Fressen“ gern.

In meinem Moorbeet wachsen außer den fleischfressenden Pflanzen noch jede Menge anderer Wildkräuter. Muss man diese entfernen oder macht das nichts aus?

Ich würde die unerwünschten Wildkräuter grundsätzlich entfernen, bevor sie den fleischfressenden Pflanzen das Licht und den Platz rauben können. Einige Begleitpflanzen kann man stehen lassen, doch sollte man immer darauf achten, dass es die Fleischfresser nicht überwuchert. Vor allem kleine Birken sollten im Moorbeet entfernt werden, da diese sehr schnell wachsen und später nur noch schwierig zu entfernen sind.

Als ich dieses Frühjahr meinen Moorbeetkübel aufgedeckt habe, waren bis auf *Drosera rotundifolia* alle Karnivoren in einem guten Zustand. Als Anfang Mai noch einmal Frost kam, änderte sich dies. Jetzt hat es auch einige Schlauchpflanzen und die Venusfliegenfalle erwischt. Kann es an dem Spätfrost gelegen haben?

Die fleischfressenden Pflanzen im Moorbeet sind für gewöhnlich sehr robust, vielleicht ist auch nur der oberirdische Teil der Pflanzen erfroren. Normalerweise treibt der Wurzelstock nach ein paar Wärmeperioden wieder erneut aus. Ich empfehle, das Moorbeet im Winter mit etwas luftdurchlässiger Folie oder Reisig abzudecken. Im Frühjahr kann die Abdeckung entfernt werden und die Pflanzen erwachen aus ihrer Winterruhe zu neuer Pracht.

Meine Venusfliegenfalle blüht, da sie ja nicht selbstbefruchtend sind, wollte ich mal fragen, wie man die „künstliche Bestäubung“ am besten durchführt, wenn man die Pflanzen in der Wohnung hält, wo sie nicht durch Insekten bestäubt werden können. Wie lange würde zudem der Reifeprozess dauern? Woran erkenne ich, dass die Samen reif sind? Kann ich die Samen einfach aussähen oder brauchen diese eine Kühlperiode z. B. im Kühlschrank?

Die Bestäubung der Venusfliegenfalle ist in der Tat nicht ganz einfach. Der Blütenstaub von einer Pflanze muss auf die Narbe einer anderen Pflanze gebracht werden. Dies kann mit einem Pinsel erreicht werden. Mit den Blüten einer einzigen Venusfliegenfalle funktioniert dieser Prozess noch nicht. Es sind daher unbedingt mehrere Pflanzen erforderlich, die gleichzeitig blühen. Wenn die Blüte bestäubt ist, dauert es ca. 1 bis 2 Monate, bis die Samen reif sind. Dies ist an ihrer tiefschwarzen Farbe zu erkennen. Die Samen der Venusfliegenfalle haben in der Natur eine gewisse Kälteperiode zu überstehen, bevor sie keimen. Daher ist es nicht nur aufgrund der längeren Keimdauer empfehlenswert, die Samen vor der Keimung im Kühlschrank zu lagern. Die so gelagerten Samen sind über Jahre keimfähig.

Mein Moorbeet ist derzeit voller Wasser bzw. sehr nass. Ich pflege darin „*Drosera*“, „*Dionaea*“ und „*Sarracenia*“ Arten. Ist es besser, das Moorbeet nass oder nur feucht zu halten? Können die Pflanzen bei zu viel Nässe faulen?

Man sollte das Moorbeet durchgehend feucht halten. Es macht natürlich nichts aus, wenn das Moorbeet für ein paar Wochen komplett nass bzw. überflutet ist. In der Natur kommt das durchaus auch öfter mal vor. Es ist aber stets darauf zu achten, dass es niemals ganz austrocknet. Es ist akzeptabel, wenn die obere Schicht mal trocken ist. Im tieferen Erdreich sollte es dennoch immer feucht sein. Man kann sagen, dass Trockenheit immer nachteiliger ist als zu viel Feuchtigkeit. Die Schimmelgefahr durch die Nässe ist im Freien auch nicht so hoch.

Ich werde bald für 3 Wochen im Urlaub sein und niemand kann sich dann um die fleischfressenden Pflanzen kümmern. Was soll ich nun tun, damit meine Pflanzen in dieser Zeit nicht eingehen?

Wenn man in den Urlaub geht, und niemand sich um die fleischfressenden Pflanzen kümmern kann, sollte man vor allem sehr viel Wasser zur Verfügung stellen. Man stellt dann die Pflanzen in einen großen Untersetzer und gibt dort ausreichend Wasser hinein. Wenn die Pflanzen dann nicht ganz so hell und heiß platziert werden, können sie das problemlos auch 3 Wochen ohne Pflege aushalten.

Ich habe es geschafft, dass meine Venusfliegenfalle Samen trägt. Ich erkenne die schwarz glänzenden Samen. Kann ich die Samen ernten, sobald sie schwarz sind oder sollte ich warten, bis sie ganz locker sitzen und fast von alleine herausfallen.

Die Samen der Venusfliegenfalle werden geerntet, wenn die Samen tiefschwarz sind und aus der Blüte heraustreten. Wichtig ist aber vor allem, dass die Samen bei der Aussaat nicht in dem Substrat vergraben werden, sondern auf das Substrat gelegt werden. Fast alle fleischfressenden Pflanzen sind Lichtkeimer und keimen daher nur, wenn Licht auf die Samen fällt.

Soll man die Venusfliegenfalle nun füttern oder nicht. Ja, ich weiß, die Fallen sterben nach etwa 3 Verdauungsvorgängen ab, aber ich halte die Venusfliegenfalle in der Wohnung, wo sie nun mal nicht wirklich Insekten fangen kann. Aber die Evolution hat die Pflanze ja nun mal mit Fallen ausgestattet und ich denke, dass es einen Sinn macht, sie hin und wieder zu füttern. Ansonsten machen die Fallen doch gar keinen Sinn, wenn die Pflanze mühelos auch so überleben kann, oder?

Der Reiz ist natürlich groß, die Venusfliegenfallen künstlich zu füttern oder den Fangmechanismus auszulösen. Die Venusfliegenfalle sollte man aber grundsätzlich nicht künstlich reizen und auch nicht selbst füttern. Das führt meist unwillkürlich zu Schimmelbildung und dadurch zum Absterben der entsprechenden Falle. Es kommt leider viel zu oft vor, dass fleischfressende Pflanzen überfüttert werden. Für gewöhnlich reicht es vollkommen aus, die Pflanze ein paar Tage ins Freie zu stellen. Sie werden sich wundern, wie schnell die Pflanzen Beute machen können. Die Nährstoffe im Kultursubstrat sind aber grundsätzlich vollkommen ausreichend. Die „Beute" ist lediglich eine zusätzliche Stickstoffdüngung.

Kann es sein, dass Regenwasser, das man gesammelt und in einem geschlossenen Behälter gelagert hat, mit der Zeit schlechter wird bzw. seinen pH-Wert ändert (z. B. durch Bakterien und Minialgen)? Das Wasser hat modrig gerochen und Bläschen gebildet. Schadet so ein Wasser den Pflanzen?

Regenwasser kann sehr schnell anfangen zu kippen (faulen), wenn es in geschlossenen Behältern bei hohen Temperaturen gehalten wird. Dieses Wasser ändert zwar seinen pH-Wert kaum, fängt aber an, sehr unangenehm zu riechen. Dann ist es auch für das Gießen der fleischfressenden Pflanzen nicht mehr geeignet. Frisches, kalkfreies Regenwasser ist aber wichtig für die fleischfressenden Pflanzen. Gewöhnliches Leitungswasser ist meist ungeeignet. Das Gießwasser darf nur sehr wenig Kalk enthalten. Kalkhaltiges Leitungswasser kann man durch Umkehrosmoseanlagen oder Ionenaustauscher neutralisieren und dadurch auch für fleischfressende Pflanzen verwendbar machen.

Ich habe meine *Sarracenia*-Pflanzen umgetopft, da die Wurzeln aus dem Topf gewachsen sind. Da jetzt keine Wurzeln mehr herausschauen, muss ich trotzdem weiter im Anstauverfahren gießen?

Alle Pflanzen, die umgetopft werden, sollten grundsätzlich nach dem Umtopfen erst einmal reichlich von oben angegossen werden, damit sich die Luft aus dem Substrat lösen kann und die Wurzeln so einfacher anwachsen können. Danach sollte wieder, wie gewohnt, im Anstauverfahren von unten gegossen werden. Die Wurzeln ziehen sich dann das Wasser durch die Kapillarwirkung nach oben, auch wenn sie nicht mehr aus dem Topf wachsen.

Die Samen meiner Venusfliegenfalle sind gekeimt, Wie sollte ich nun weiter vorgehen, um die kleinen Sämlinge durchzubringen?

Die Sämlinge der Venusfliegenfalle sind anfangs noch sehr empfindlich und brauchen noch ca. 1 Jahr lang Wärme, Licht und eine erhöhte Luftfeuchtigkeit. Danach kann man sie langsam anfangen abzuhärten, indem man die Schutzhaube immer wieder öffnet und die Pflanze gemächlich an die direkte Sonnenstrahlung und den Wind gewöhnt. Auf diese Weise lässt sich die Pflanze dann auch problemlos im Winter im Freien halten.

Können natürliche Pflanzenstärkungsmittel (keine Dünger) für fleischfressende Pflanzen verwendet werden?

Die Erfahrungen im Gebiet von pflanzlichen Stärkungsmitteln sind im Bereich der Karnivoren noch relativ unerforscht. Als Anfänger sollte man aber grundsätzlich, wie von allen Düngemitteln, die Finger lassen. Die Pflanzen erhalten alles, was Sie benötigen, durch den Fang der Insekten. Die Pflanze zieht sich die notwendigen Nährstoffe wie Stickstoff und Phosphate aus den erbeuteten Tieren.

Was war das größte „Opfertier" einer fleischfressenden Pflanze?

Das größte Tier, das eine Venusfliegenfalle in freier Natur erbeuten kann, ist ein kleiner Frosch. Man hat sein Skelett in der Falle gefunden. Große Kannenpflanzen in den Tropen sollen aber auch schon Nagetiere sowie einen kleinen, kranken Affen verspeist haben.

Ich habe mir vor Kurzem aus einem Baumarkt zwei Venusfliegenfallen gekauft. Sie waren in einem erbärmlichen Zustand. Fast alle Fallen waren schwarz und auch die Erde fehlte teilweise. Ich habe sie nun in spezielles Substrat für fleischfressende Pflanzen getopft. Habe ich zusätzlich noch was zu beachten?

Das Problem in den Baumärkten ist einfach, es ist dort zu aufwändig, die Kulturbedingungen für fleischfressende Pflanzen nachzubilden. Meist wird mit kalkhaltigem Leitungswasser gegossen, da kein Regenwasser zu Verfügung steht. Das ist dann meist schnell das Ende der fleischfressenden Pflanzen. Wichtig ist, dass die Pflanze in neues, geeignetes Substrat getopft wird. Das alte Substrat ist vermutlich durch die Kalkrückstände des Leitungswassers nunmehr ungeeignet. Die Venusfliegenfalle sollte feucht aber nicht zu nass gehalten werden; Gerade bei geschwächten Pflanzen ist die Schimmelgefahr besonders hoch. Ansonsten noch viel Licht, Wärme und keine Düngemittel einsetzen. Wenn der Wurzelstock unbeschädigt ist, wird sich die Pflanze erholen und zu neuer Pracht heranwachsen.

Ich habe mir eine fleischfressende Pflanze gekauft und bin mir beim Gießen noch immer ein bisschen unsicher, wie oft ich sie jetzt wirklich gießen muss?

Die fleischfressenden Pflanzen kann man ganz einfach im Anstauverfahren halten. Das heißt, dass in dem Übertopf, in dem die Pflanze steht, immer ca. 1 bis 2 cm Wasser stehen sollte. Am besten gießt man die Pflanzen direkt in den Übertopf. Berieselung von oben mögen viele fleischfressende Pflanzen nicht so gerne. Gegossen werden darf aber nur mit kalkfreiem Wasser, am besten Regenwasser.

Ich wollte mir ein Terrarium mit fleischfressenden Pflanzen bauen. Ich würde dabei gerne eine Steuerung für Temperatur, Luftfeuchtigkeit und Licht einbauen. Ich hoffe, Sie können mir da den einen oder anderen Tipp/ Anregung geben?

Es ist oft nicht ganz einfach, die Kulturbedingungen der fleischfressenden Pflanzen exakt der Natur nachzubilden. Man sollte sich immer darüber im Klaren sein, ob es sich um tropische, subtropische oder winterharte fleischfressende Arten handelt.

Dann sollte man die Bedingungen am Naturstandort kennen, um diese bestmöglich nachbilden zu können. Bei mir stehen die Pflanzen, je nach Vorlieben im Kaltgewächshaus, im Moorbeet oder im Warmhaus. Die Kulturbedingungen kann man durch Luftbe- und -entfeuchter, Klimageräte, Heizungen, Ventilatoren, Beleuchtungen und Zeitschaltuhren steuern. Eine extra Sprenkelanlage ist wohl nur bei einigen wenigen fleischfressenden Pflanzen wirklich ratsam. Wer die Grundvoraussetzungen wie z. B. kalkfreies Wasser, erhöhte Luftfeuchtigkeit, richtige Temperatur und Helligkeit bei vielen Arten befolgt, kommt bereits zu sehr guten Ergebnissen.

Wir haben eine Kannenpflanze, die wirklich gut wächst. Im Sommer habe ich die Spitze der Pflanze abgeschnitten, um einen Ableger zu bilden. Soll ich die Pflanze dann jedes Jahr beschneiden?

Die Kannenpflanzen kann man in der Tat durch Kopfstecklinge vermehren. Dazu wird die Spitze der Pflanze unter einem Trieb mit einem scharfen, sterilen Messer abgeschnitten und auf feuchtes Substrat gesteckt. Bei ausreichend Wärme, erhöhter Luftfeuchtigkeit und Licht bildet sich eine neue Pflanze. Wenn dieser Vorgang regelmäßig wiederholt wird, bildet die Pflanze immer mehr Seitentriebe aus und wird dadurch buschiger. Es ist aber auch möglich, die Pflanze weiterwachsen zu lassen. Dann sollte man sie aber ab einer gewissen Höhe mit einem Bambusstab oder etwas Ähnlichem stützen, damit sie nicht umkippt.

Meine Venusfliegenfalle bildet mitten im Winter eine Blüte aus, ich habe aber auch gesehen, dass fast alle Fallen schwarz sind. Woran kann das liegen?

Die Venusfliegenfalle gehört zu den winterharten, fleischfressenden Pflanzen. Die Pflanze zieht sich im Winter in den Wurzelstock zurück. Es gibt ja schließlich auch keine Beutetiere zum Fangen. Das erklärt auch die schwarzen Blätter an der Pflanze. Das ist im Winter völlig normal und zeigt nur, dass die Pflanze Energie für das Frühjahr „tankt". Dass die Venusfliegenfalle gerade jetzt blüht, hängt vermutlich damit zusammen, dass sie zu warm steht. Die Pflanze sollte Ende August blühen. Am besten schneidet man dann die Winterblüte möglichst weit an der Basis ab, um die Pflanze nicht noch mehr zu schwächen.

Kann ich meinen Sumpfkrug auch auf der Fensterbank halten? Sie hat dort von morgens bis abends Licht und mindestens 5-6 Stunden Sonne. Die Luftfeuchtigkeit in meinem Raum beträgt nur ca. 50 %. Alle anderen Pflanzen wachsen prächtig, aber *Heliamphora* sollen da ja etwas komplizierter sein. Muss ich die *Heliamphora* in ein kleines Gewächshaus stellen oder nicht?

Die *Heliamphora* ist in der Tat ein etwas heikles Gewächs. Sie gehört zu den tropischen Pflanzen und mag es daher feucht und warm. Am liebsten in einem Zimmergewächshaus oder einem Terrarium. Ich halte die Sumpfkrüge zusammen mit den Kannenpflanzen in einer Glasvitrine. Natürlich kann ein Sumpfkrug in Einzelfällen auch an der Fensterbank gedeihen. Aber die warme und trockene Heizungsluft im Winter übersteht die Pflanze meistens nicht. Wenn keine Vitrine oder umgebautes Aquarium zur Verfügung steht, kann man die Luftfeuchtigkeit auch mit einem durchsichtigen Frühstücksbeutel, den man über die Pflanze stülpt, erhöhen.

Durch den starken Wind sind mir letzte Nacht ein paar Schläuche meiner Schlauchpflanzen umgeknickt. Soll ich die umgeknickten Schläuche entfernen?

Umgeknickte Schläuche bei den „*Sarracenien*" sollte man ziemlich weit unten abschneiden. Durch das Entfernen von braunen oder umgeknickten Schläuchen wird das Wachstum neuer Triebe gefördert und gleichzeitig Schimmelbildung verhindert.

Ich habe gehört, dass in die Schläuche der Schlauchpflanzen immer etwas Wasser gegossen werden soll. Stimmt das?

Man sollte nicht in alle Schlauchpflanzen Wasser füllen. Es ist davon abhängig, ob die Schläuche Deckel ausbilden oder nicht. „*Sarracenia leucophylla*" und „*Sarracenia flava*", mit Deckel beispielsweise, benötigen kaum Wasser in den Schläuchen, während bei „*Sarracenia purpurea*", ohne Deckel, immer etwa die Hälfte des Schlauches mit kalkfreiem Wasser gefüllt sein sollte. „*Sarracenia psittacina*" wiederum bildet einen kompletten Helm um die kleine Öffnung und benötigt daher sehr wenig bis überhaupt kein Wasser in den Schläuchen.

Welche Gattungen der fleischfressenden Pflanzen eignen sich am besten gegen Stubenfliegen?

Gegen die gewöhnlichen Stubenfliegen eignen sich am besten „*Drosera*"- und „*Sarracenia*"-Arten. Die Venusfliegenfalle fängt zwar auch Fliegen, ist aber aufgrund ihrer begrenzten Fallenanzahl zur massiven Fliegenbekämpfung weniger geeignet.

Wie funktioniert das mit der Temperaturabsenkung bei *Heliamphora*- und *Nepenthes*-Pflanzen in der Nacht?

Die „*Heliamphora*"- und die Hochland-Kannenpflanzen sind eher für fortgeschrittene Züchter geeignet. Wichtig ist bei ihnen eine erhöhte Luftfeuchtigkeit; Aus diesem Grund ist zum Beispiel die Fensterbank weniger geeignet. Aber auch im Terrarium klappt ohne Nachtabsenkung nicht viel. Abends sollte jede zusätzliche Beleuchtung abgeschaltet werden. Man kann auch Lüfter oder professionelle Klimageräte für die Nachtabsenkung einsetzen.

Wie halte ich die ausgesäten Samen der fleischfressenden Pflanzen am besten feucht? Ich habe gelesen, dass man die Pflanzen und die Samen nicht von oben gießen soll.

Die Samen der fleischfressenden Pflanzen dürfen durchaus von oben besprüht werden. Sobald sich die ersten Sämlinge zeigen, sollte man das Gießen von oben, aufgrund der erhöhten Schimmelgefahr, vermeiden und dann im Anstauverfahren gießen.

Ich hätte da mal eine Frage zum Sumpfkrug. Dieser ist bei mir wohl komplett vertrocknet. Was habe ich falsch gemacht?

Der Sumpfkrug ist wahrlich nicht so einfach zu halten und gehört zu den fleischfressenden Pflanzen für Fortgeschrittene. Um diese Pflanze richtig zu kultivieren, muss man sich den Naturstandort sehr genau ansehen. Da die Pflanze hauptsächlich in Höhenlagen wächst, ist sie extremen Wetterumschwüngen ausgesetzt. Sehr heiße Temperaturen am Tag und fast Minusgrade in der Nacht. Dies ist in der heimischen Kultur nicht so einfach nachzubilden.

Ich habe mir *Sphagnum*-Moos gekauft, meines sieht aber sehr hell aus. Ich übersprühe es täglich mit abgekochtem Wasser und habe es auf Blumenerde gelegt. Ist das falsch?

Das *Sphagnum*-Moos sollte nicht allzu hell, sondern eher saftig grünlich aussehen. Ich würde Ihnen empfehlen, anstatt abgekochtem Wasser, Regenwasser oder zumindest destilliertes Wasser zu verwenden. Abgekochtes Wasser ist lediglich abgekocht, aber nicht destilliert. Das Moos darf nie austrocknen. Mit Regenwasser kann man es regelrecht fluten. Auch sollte keinerlei herkömmliche Blumenerde verwendet werden. Das Sphagnum-Moos wächst nur auf Hochmoortorf oder in speziell gemischten Substraten. Der saure pH-Wert sollte weit unter 6 liegen. Dies sollte beachtet werden.

Müssen die landlebenden *Utricularia*-Pflanzen mit dem kompletten Topf im Wasser stehen? (wegen des Namens Wasserschlauch)

Die Pflanzen der *Utricularia* dürfen niemals austrocknen und sollten im Anstauverfahren gehalten werden. Das heißt, dass im Untersetzer immer einige Zentimeter Regenwasser stehen sollte. Auch hier gilt, lieber mehr Wasser als zu wenig.

Welche Bedingungen muss das Aquarienwasser der fleischfressenden Wasserfalle „*Aldrovanda vesiculosa*" erfüllen?

Die fleischfressende Wasserfalle *Aldrovanda vesiculosa* benötigt fürs Wachstum sehr gutes, kalkfreies Regenwasser. Die Wasserqualität ist für das Wachstum der Pflanzen sehr wichtig. Daher sollte man regelmäßig einen Wasserwechsel durchführen. „*Aldrovanda*" reagiert äußerst empfindlich auf Fadenalgen. Am besten verwendet man als Untergrund abgekochte, getrocknete Binsen oder Seggen sowie Schwarztorf und Aquariensand. Wasserflöhe kann man als Zusatzfutter für die fleischfressende Wasserfalle ins Aquarium geben. Eine Aquarienpumpe kann einige Stunden am Tag laufen, um das Wasser ein wenig zu belüften. Die Wassertemperatur sollte bei ca. 18 bis 25 Grad Celsius liegen.

Meine Kannenpflanzen hängen neben der Haustür und ich weiß nicht, wo ich sie sonst noch hinstellen soll, weil überall im Winter die Heizung läuft und sie vertragen ja diese trockene Luft nicht. Was kann man tun?

Die Kannenpflanzen sollten in der Wohnung an den wärmsten, hellsten und feuchtesten Ort stehen, der in der Wohnung zur Verfügung steht. Es klingt vielleicht seltsam, aber mir haben Kunden schon berichtet, dass ihre Kannenpflanze im Bad sehr gut wächst.

Die Wärme wird durch die Heizung erzeugt, die Luftfeuchtigkeit entsteht durch das Duschen, Baden oder regelmäßiges Besprühen und beim Licht kann mit zusätzlicher Beleuchtung nachgeholfen werden. Idealerweise noch eine Temperaturabsenkung in der Nacht (dies kann man durch Lüften im Zimmer gut nachbilden)

Die Fallen der Venusfliegenfalle schließen sich nicht mehr, auch wenn ich diese künstlich reize, wie kann das sein?

Die Venusfliegenfallen können immer nur eine begrenzte Anzahl an Schließvorgängen ausführen; danach sterben die Blätter ab. Aus diesem Grund sollte man diese auch nicht künstlich reizen. Das ist eigentlich auch unproblematisch, da die Pflanze immer wieder neue Triebe ausbildet, solange das Rhizom gesund ist (dies erkennt man daran, dass der Wurzelstock weiß und nicht schwarz oder braun ist.) Die Venusfliegenfalle fühlt sich am wohlsten, wenn sie ganzjährig im Freien gedeihen kann.

Kann man fleischfressende Pflanzen eigentlich essen?

Fleischfressende Pflanzen sind grundsätzlich nicht giftig und könnten auch gegessen werden. Ich vermute aber, dass der Geschmack sehr gewöhnungsbedürftig ist.

Es existiert aber tatsächlich ein Stamm von Ureinwohnern in Südamerika, der Reis in die mit Insekten gefüllten Kannen der fleischfressenden Pflanzen drückt, kocht und dann, wie bei uns gefüllte Paprika, verspeist. Der fleischfressende Sonnentau *Drosera rotundifolia*, der auch in Deutschland in der Natur vorkommt, gilt als Heilpflanze. Er hilft gegen Husten und Bronchitis. Aus den Blättern der Pflanze werden die Wirkstoffe extrahiert und Medizin daraus gewonnen. Die Samen der Teufelskrallen werden geröstet und gerne von Einheimischen verspeist, ebenso gilt die halbreife Samenkapsel der Teufelskralle in Essig eingelegt als Delikatesse.

Ich habe ein Problem mit meinem Zwergkrug. Dieser ist wohl von Mehltau oder Grauschimmel befallen. Ich habe es schon mit fungiziden Spritzmitteln versucht, aber es wird immer schlimmer. Woran kann das liegen?

Wichtig bei den Zwergkrügen ist es, dass die Krüge nur wenig Feuchtigkeit abbekommen. Das Besprühen mit Fungiziden führt zwangsläufig zum Absterben der Krüge. Eventuell ist es möglich, ein Fungizid in Pulverform einzusetzen.

In meinem bepflanzten Terrarium hat sich mittlerweile eine doch recht große Kolonie an Trauermücken angesiedelt. Soweit ich weiß, können diese meine Pflanzen schädigen. Stimmt das?

Gegen Trauermücken im Terrarium muss man tatsächlich etwas unternehmen, da ihre weißen Larven am liebsten die Wurzeln von Sämlingen und Stecklingen, aber ebenso die jungen Wurzeln von älteren Pflanzen anfressen. Diese können dann folglich nur noch kümmerlich wachsen oder sogar absterben. Dagegen helfen vor allem die Nützlinge der Nematoden. Es handelt sich dabei um winzige Fadenwürmer, welche einfach auf das Substrat gestreut werden. Nematoden dringen durch Körperöffnungen in die Larve des Schädlings ein und geben dort ein tödliches Bakterium ab. Die Larve stirbt nach 24-48 Stunden. Nematoden vermehren sich, bis die Larve komplett aufgezehrt ist. Danach verlassen sie den Kadaver und können weitere Larven befallen. Der Kreislauf beginnt von vorne. Pro Quadratmeter Anwendungsfläche verwendet man ca. 500.000 Nematoden.

Meine fleischfressende Schlauchpflanze steht im Winter draußen; allerdings werden die Schläuche dann immer ganz braun und bekommen Löcher. Woran liegt das?

Es ist völlig normal, dass die Schlauchpflanzen im Winter nicht mehr so toll aussehen, da es ja auch kaum Insekten zu fangen gibt. Die Pflanze befindet sich in Winterruhe und die Schläuche bilden sich zurück. Oft werden die Schläuche auch von Vögeln aufgepickt, die versuchen, an die gefangenen Insekten in den Schläuchen heranzukommen. Im Frühjahr sollten die Schläuche der Schlauchpflanzen komplett abgeschnitten werden, damit sie später umso schöner wieder austreiben können. Wichtig ist, dass der Wurzelstock den Winter überstanden hat und weißlich und nicht bräunlich aussieht; dann wird die Pflanze auf jeden Fall wieder neu austreiben.

Ich besitze eine Kannenpflanze. Wie alt kann diese werden? Und generell, wie lange können karnivore Pflanzen leben?

Gerade die fleischfressenden *Nepenthes*-Pflanzen können sehr alt werden. Ich habe schon Kannenpflanzen gesehen, die mehrere Jahrzehnte alt waren. Aber auch Venusfliegenfalle und Co. können bei guter Pflege problemlos viele Jahre alt werden.

Ich gieße meine fleischfressenden Pflanzen immer im Anstauverfahren, wenn das Wasser komplett weg ist, warte ich 2 Tage ab, sodass die Wurzeln etwas atmen können, dann fülle ich das Wasser nach. Ist das so korrekt?

Es ist durchaus richtig, ein paar Tage mit dem Gießen zu warten, wenn das Wasser im Übertopf aufgesogen ist. Dies ist eigentlich eine Maßnahme, die man im Herbst und Winter vollzieht, um die Schimmelbildung an den Pflanzen zu verhindern. Im Frühjahr und Sommer kann es schnell zu heiß werden und die Pflanzen können dann vertrocknen und dadurch Schaden nehmen.

Literaturverzeichnis

Verwendete und weiterführende Literatur

Bastian, A.	Fleischfressende Pflanzen, Brühl (2003).
Braem Dr., Guido	Fleischfressende Pflanzen Arten und Kultur, Augsburg (1992).
Braem Dr., Guido	Fleischfressende Pflanzen, Gattungen und Arten im Porträt, Freiland- und Zimmerkultur, Vermehrung, München (2002).
Carow, Thomas; Fürst, Rudi	Fleischfressende Pflanzen, Artenübersicht, Kultur, Vermehrung, Nüdlingen (2001).
Carow, Thomas	Fleischfressende Pflanzen, Stuttgart (2005).
Carow, Thomas	Karnivoren, die Welt der fleischfressenden Pflanzen, Stuttgart (2009).
Cross, Adam	Aldrovanda, The Whaterwheel Plant, Poole (2012).
Darwin, Charles	Insectenfressende Pflanzen, Stuttgart (1876).
Hitzlbeck, E.	Elektrische Fische und fleischfressende Pflanzen, Neuhausen-Stuttgart (1987).
Heilborn Dr., Adolf	Fleischfressende Pflanzen, Wittenberg (1949).
Labat, J.-L.	Fleischfressende Pflanzen auswählen und pflegen, Stuttgart (2003).
Scholz, B.	Fleischfressende Pflanzen, Berlin (1965).
Slack, Adrian	Karnivoren, Stuttgart (1985).
Stehli Dr., Georg	Pflanzen auf Insektenfang, Stuttgart (1934).

Vereine

www.carnivoren.org
Gesellschaft für fleischfressende Pflanzen GFP.e.V.

Internet

www.carnivor-plants.de
Fachversand für fleischfressende Pflanzen

Zeichnungen

Seite 79, 84, 85: Anne Toth
Seite 87: Peter Schindler

Fotos und Titelbild

alle Fotos von Frank Rudolf

Impressum

Bibliografische Information der Deutschen Nationalbibliothek:
Die Deutsche Nationalbibliothek verzeichnet diese Publikation in der Deutschen Nationalbibliografie; detaillierte bibliografische Daten sind im Internet über http://dnb.d-nb.de abrufbar.

Email: redaktion@verrai-verlag.de

https://verrai-verlag.de

1. Auflage Februar 2024

Umschlaggestaltung:
atelier ehrle

Bildquellen:
siehe Seite 129

Titelbild:
Frank Rudolf

Printed in Germany
ISBN 978-3-910919-08-2